Perlen Afrikas

SERIE PIPER

Zu diesem Buch

Afrika ist ein Kontinent voller Geschichten – da gibt es den weisen Alten, der den jungen Menschen im Dorf von den Vorfahren erzählt, den Griot, der die Herrschenden besingt und verspottet, und die kluge Frau, die witzig und selbstbewußt von starken Frauen zu erzählen weiß. Noch heute verbinden viele mit dem zweitgrößten Kontinent der Erde die Exotik von Maskentänzern und Geisterbeschwörern einerseits und Katastrophen, Armut und Gewalt andererseits. In dieser Sammlung zeitgenössischer afrikanischer Literatur zeigt sich Afrika in einem neuen Licht: Die Geschichten sind so vielfältig wie der Kontinent, dem sie entstammen – geheimnisvoll und vergnüglich, verspielt und raffiniert, spannend und gefühlvoll. Ein Buch, das den Blick für die Widersprüche und Schönheiten dieses Kontinents öffnet.

Ruth Kumpmann, geboren 1966 in Freiburg im Breisgau, ist Buchhändlerin und Ethnologin. Sie arbeitete in München, Zimbabwe und Oxford. Seit 1996 ist sie Koordinatorin der Aktion »Afrikanissimo« in Frankfurt am Main.
Peter Ripken, geboren 1942 in Bielsko-Biala/Polen, studierte Sozial- und Literaturwissenschaft. Nach langjähriger Arbeit als Entwicklungshelfer in Afrika und Rundfunkjournalist ist er heute Vermittler außereuropäischer Literatur sowie Autor und Herausgeber. Gemeinsam mit Ilija Trojanow gab er 1991 die Anthologie »Afrikanissimo. Ein heiter-sinnliches Lesebuch« heraus.

Perlen Afrikas
Das neue Afrikanissimo-Lesebuch

Herausgegeben von
Ruth Kumpmann und Peter Ripken

Piper München Zürich

In der Serie Piper liegt ein weiteres Afrikanissimo-Lesebuch vor:
Afrikanissimo (1654)

Originalausgabe
Oktober 1999

Umschlag: Büro Hamburg
Stefanie Oberbeck, Katrin Hoffmann
Foto Umschlagvorderseite: Margaret Courtney-Clarke
Gesamtherstellung: Clausen & Bosse, Leck
Printed in Germany ISBN 3-492-22926-3

Inhalt

Charles Mungoshi
Zimbabwe

Foto: Barbara Niggl Radloff

Charles Mungoshi (* 1947), der schon als Schüler Geschichten schreiben wollte, publizierte sein erstes Buch 1972, eine Sammlung von Geschichten im Rhodesien der sechziger und siebziger Jahre mit Themen, die im Befreiungskampf nicht oben auf der Tagesordnung standen: Erwachsenwerden, Beziehungen von Vätern zu Söhnen, das Spannungsverhältnis von Tradition und Moderne, banale, alltägliche Situationen. Seine Kritik am weißen Rassismus ist nie pauschal, sondern immer konkret wie in der Erzählung »The Accident«, in der ein Weißer einen Schwarzen überfährt und Mungoshi die Empörung der Afrikaner schildert. Der Band »Coming of the Dry Season« mit dieser Geschichte wurde in Rhodesien verboten. Mungoshis Grundstimmung ist nicht Zorn über den schmerzlichen Prozeß der Veränderung, sondern eher Melancholie, ja Resignation angesichts der unvermeidlichen Veränderung. Er glorifiziert nicht eine wie auch immer gedachte vorkoloniale Zeit als Gegenbild zu den Zerstörungen der Moderne. Sein Land ist die »nackte, weiße Erde, die vom ewigen Schatten des rastlosen Geiers überzogen ist«. In dem Roman »Waiting for the Rain« fragt der Held Luzifer: »Was ist hier wert, geliebt zu werden? Was soll man hier lieben in dieser trockenen Buschlandschaft, in diesem sonnengebleichten Staub?«

Für die Bände »The Setting Sun and the Rolling World« und »Walking still« erhielt Charles Mungoshi den Commonwealth Writers Prize für die Region Afrika und für das Jugendbuch »One day, long ago« den renommierten Noma Award 1992. Nach vielen Jahren als Verlagslektor lebt er heute als Autor und Übersetzer in Harare.

Von Frauen und anderen Geliebten (Walking still, 1998). Erzählungen. Aus dem Englischen von Thomas Brückner. Marino: München 1999.
The Milkman Doesn't only Deliver Milk. Gedichte. Poetry Society: Harare 1981. Baobab Books: Harare 1998.
Der sprechende Kürbis (Stories from a Shona Childhood, 1989/One day, long ago. More Stories from a Shona Childhood, 1991). Jugendbuch. Aus dem Englischen von Susanne Koehler. Nagel & Kimche: Frauenfeld 1994.
The Setting Sun and the Rolling World. Erzählungen. Faber & Faber: London 1987. (Neuausgabe von: Coming of the dry Season, 1972/Some Kinds of Wounds, 1980)
Some Kinds of Wounds. Erzählungen. Mambo Press: Gweru 1980.
Ndiko Kupindana Kwamazuva (»Die Zeiten gehen vorbei«). Roman. Literature Bureau: Salisbury 1975.
Waiting for the Rain. Roman. Heinemann: London 1975.
Coming of the Dry Season. Erzählungen. Oxford University Press: Oxford 1972.

Charles Mungoshi
Die Hochzeitssängerin

Dies ist mein Lied für dich, der du nicht verstehen wolltest, wie es in meinem Herzen aussieht; der du die Abgründe in meinen Augen nicht sehen wolltest; der du die stumme Musik in meinen Gliedern nicht hören wolltest; du, der du meinem Lächeln den Rücken gekehrt hast und meinem Flehen gegenüber taub geblieben bist. Dies ist mein Lied für dich, der du mir die Jugend gestohlen hast. Die du an einen verdorrten Baum gehängt hast, damit die Geier sich darüber hermachen können. Und sie? Sie blutete vor Liebe zu dir. Was hast du nur in ihr gesehen? Ja doch, sie ist hübsch ... gebildet ... kultiviert, aber ...

Denk nur an das Ei. Denk an den Tag, an dem du den Brautpreis bezahlt hast. Das Ei lag auf dem Tisch, einsam, rein, weiß ... zerbrechlich. Ich erinnere mich daran, muß oft daran denken: Saatkorn und Tod. Und du hast draußen gesessen und auf die Entscheidung der Tanten gewartet. Die Tanten! Wer weiß denn nicht über unsere Tanten Bescheid? Und als du ihre Rufe und Jubelschreie hörtest, strömte dir das Blut zum Herzen und machte deine Ohren gegenüber meinen schwächeren, leiseren Klagelauten taub: Das Ei ist angeknackst. Du aber hast lieber auf die Tanten gehört: Sie ist Jungfrau! Ehrenwort!

... Laß mich ein bißchen ausruhen, und gönne den Tänzern eine Pause. Heut ist die erste Nacht deines Hochzeitsfestes. Während die Trommler die Felle über ihren Trommeln spannen, trinken wir Maheu und warten darauf, daß die Finsternis dichter wird. Wenn ich wunderschön und wohlklingend singen soll, muß die Dunkelheit von Schweigen erfüllt sein. Und ein Feuer muß vor sich hin glimmen, damit das Lied weit in die Tiefe der Nacht reisen kann. Möglich auch, daß du in der Dunkelheit besser siehst und hörst. Vielleicht erinnerst du dich dann daran, woher du kommst: aus einem großen, dunklen Schoß ... Ist dir meine Gegenwart auf deinem Hochzeitsfest etwa peinlich? Hast du etwa geglaubt, daß ich wie die Ratte im Sprichwort mit dem

Ruß verschmelzen und am Strohdach des Hauses festkleben werde? Die zwei Jahre, die wir zusammen waren, du und ich, die kannst du nicht einfach abtun, zur Seite legen, ohne dabei etwas aus mir herauszureißen. Auch wenn ich dir nur nachts gehörte und du ihr am Tag. Ich habe geglaubt, du hörtest die Warnungen, die sich in meinem Herzen verdichteten. Ich habe mir erlaubt zu glauben, daß du sie hörtest …

Doch zunächst einmal: du. Du hast einen himmelblauen Anzug an und ein weißes Hemd mit schmalen braunen Streifen, trägst einen blauen Schlips, blaue Socken und schwarze Lederschuhe mit breiter Kappe. An deinem Finger steckt ein funkelnder Ring aus falschem Gold. Sie trägt ein weißes – das Ei, das sie symbolisiert, und schließlich ist sie Jungfrau –, weitfließendes Hochzeitskleid, das mit seinen vielen Falten allem Schatten trotzt – wie unecht ich alles finde, das dem Schatten die Stirn bietet! Auf dem Kopf trägt sie eine Papierkrone – unechtes Silber. Was mir vor allem weh tut, ist dein unschuldiges Lächeln und das nervöse Zucken deiner Hand, die sanft die ihre hält – ihr kleines weißes Lächeln wirft auch keinen Schatten. Und doch schwirrt da eine Fliege – siehst du sie denn nicht? Eine winzige grüne Schmeißfliege, die sie immer wieder von ihrer kleinen gepuderten Nase verscheuchen muß! Wie ihr die kleine Fliege auf die Nerven geht! Stimmt es, daß eine grüne Schmeißfliege Aas auf zwanzig Jahre und hundert Meilen Entfernung riechen kann?

Von dieser Fliege will ich singen. Und von den Frauen des Dorfes, deren Lächeln angespannt wirkt über dem Schmerz der zerreißenden Nabelschnur, voller Sorge und beschützend. Und von ihrer Mutter, die über so viele Dinge Bescheid weiß – auch über die drei Abtreibungen ihrer Tochter? – und in Trauerkleider gehüllt ist; ihr Lächeln bebt ängstlich, verschattet, verstohlen. Sie weiß, wie all die Tanten es gleichfalls wissen, daß das Ei nicht mehr heil ist. Und sie kämpft, müht sich unter Qualen, dieses Wissen vor den beutegierigen Männern beider Familien im tiefsten Innern ihrer Seele zu verschließen – und du kannst es ebensowenig sehen, wie alle anderen Männer im Dorf ihren Schmerz sehen können. Sie stolzieren nur durch die Gegend und tun so, als wären sie wichtig, treffen kraftlose Entscheidungen und machen sie wieder rückgängig oder sitzen ums Feuer und albern herum und reißen Witze über den Rausch der ersten Nacht eines jungverheirateten Paares. Wie die kleinen Jungen, die sie in Wirklichkeit sind, ist das alles, woran sie denken können, wenn ein Mann eine Frau nimmt. Darum will ich von der Traurigkeit dieser Männer singen, die dir zujubeln, die dich so unverhohlen mit obszönen Gesten anfeuern, so eifersüchtig – als ob du ein Eroberer wärst, ein Held. Vielleicht fühlst du dich ja auch wie ein Held? In deiner eitlen Dummheit benimmst du dich in deinem blauen Anzug und den Schuhen mit der breiten Kappe gerade so, als hättest du wirklich eben erst den Staub des Schlachtfelds von dir gespült: Du hältst sie, als wäre sie der Lohn für einen schwer erkämpften Sieg.

Oder irre ich mich? Ich wünschte, du würdest mir antworten. Ich bin mir nicht sicher, ob ich alles so sehe, wie es ist. Sprich mit mir. Mein Herz verlangt nach Gewißheit. Ich wünsche eine Audienz, Sango ... Ich lebe vom Beifall deiner Hände, dem Glitzern in deinen Augen, deinen sorglosen Gesten ...

Auf samtweichen Pfoten kriecht die Nacht heran. Schon hat sie das Tal verschlungen. Der Himmel, fern und unendlich tief, hat eine Handvoll Sterne über sich hingestreut wie Maiskörner über ein großes Feld. Draußen sind mehrere Feuer entfacht worden, und die Männer sitzen um sie herum und reden und trinken – sie trinken immer – und singen mit heiseren, mißtönenden Stimmen ab und zu ein Hochzeitslied. Ein paar sind eingeschlafen, die Köpfe auf Baumstümpfen ruhend, die Knie ans Kinn gezogen: zusammengerollt, warm, betrunken, brüderlich.

So, wie ich es in den vergangenen fünf Jahren für sie und ihre Familie getan habe – und ich hoffe, daß dies das letzte Mal sein wird –, bringe ich euch in einem riesigen Bambuskorb Brot und Tee. Zwei Mädchen helfen mir dabei, die Hochzeitsgesellschaft zu bedienen. Wie Fremde sitzt ihr da im schwachen Schein der trüben Kerze. Du sitzt neben ihr, aber ihr sprecht nicht miteinander. Du siehst sie zwar unverwandt an, doch sie lächelt deinem Trauzeugen zu, der gerade einen Witz erzählt. Es ist ein erbärmlicher Witz, doch ihr sechs lacht, als müßtet ihr ertrinken. Ihr seht nicht, wie eure riesigen Schatten wie ein Schicksal an die Decke geschrieben sind. Beim Anblick des Tees scheinst du erleichtert. Nachdem ich eingegossen habe, ziehe ich mich vom Tisch zurück, um in der Dunkelheit des Zimmers, abseits des Lichts, auf die leeren Tassen und die Reste zu warten …

Nach dem Tee gibt es Reis mit Huhn. Und wieder stehe ich im Schatten und warte auf die Knochen, die Überreste vom Reis …

Als das lang dauernde Mahl endlich vorüber ist, kommen ihre Tanten und nehmen sie mit in das Zimmer, in dem sie heute nacht zusammen mit ihr schlafen werden – ihre letzte Nacht zu Hause, bevor sie das Bett mit dir teilen wird. Sie verläßt den Tisch, und eine noch unermeßlichere Leere senkt sich in mich. Du gähnst. Deine Freunde versuchen sich an ein paar weiteren Witzen, doch die Kerze ist schon weit heruntergebrannt. Sie brennt schon sehr lange, und du willst schlafen, bevor sie verlöscht. Gute Nacht also, mein Liebster, und träum was Schönes. Vielleicht begegnet dir im Traum ja ein vertrautes Gesicht … dreh dein Kopfkissen um, wenn das passiert. Schlaf gut. Ich werde nicht schlafen gehen, noch nicht, nicht heute nacht. Ich möchte erleben, wie der neue Tag anbricht. Die Morgendämmerung: Möglichkeit, Verheißung, Hoffnung. Ich werde zu den anderen Mädchen in den Hof hinausgehen, und wir werden für dich und deine Frau singen, bis der Tag anbricht. Lied um Lied werden wir singen, bis wir ganz heiser sind. Wir werden singen und darauf hoffen, daß das Morgengrauen uns wach findet, weil wir noch Mädchen sind und nach dem neuen Tag Ausschau halten müssen …

Nun teilt der Tag die Nacht in Muster aus Licht und Löcher aus Dunkelheit. Die schüchternen Sterne ergreifen die Flucht vor den scharfen Speerspitzen des gleißenden Sonnenlichts. Der Tag zieht auf, die Nacht zerfällt in Stücke und wird immer tiefer in die Niederungen des Tals und hinter die Bergkuppen im Westen zurückgedrängt, wo sie sich zusammenkauert, niederduckt. Die Spitzen der großen Hügel im Osten erheben sich aus der Dunkelheit wie Flußpferde aus dem Wasser, und ein matter Nebelschleier hüllt die Geheimnisse des Tals ein. Wir singen immer noch. Die Trommeln werden lauter. Wir haben die Nacht überstanden. Wie bist du durch die Nacht gekommen, mein Liebster? Bei all dem Essen und Trinken gestern – hast du da nicht von fernen Teichen geträumt? Bist du nicht aufgewacht mit ausgedörrter Kehle, die nach kühlem Wasser verlangt? In zerknitterten Sachen tauchst du aus deinem Schlafzimmer auf. Du hast in deinem Hochzeitsanzug geschlafen!

Oh, suchst du sie? Ja, sie ist auch schon munter, angekleidet und sieht seltsam zufrieden aus. Sittsam reagiert sie auf die Hänseleien ihrer Tanten. Sie ziehen auch uns auf – unsere Tanten – ihre Tanten: »Seht ihr? Eure Freundin hat es geschafft. Sie hat auf ihre Mutter gehört und ihren Worten Folge geleistet. Sie kann als Jungfrau zu ihrem Ehemann gehen, und ihre Eltern können stolz auf sie sein. Schafft ihr es, es ihr gleichzutun?« Wir wissen darauf nichts zu antworten und schauen zu Boden. Auch weil wir wissen, daß man das von uns, die wir Teil der Verschwörung sind, so erwartet. Auch wir werden einmal Mütter sein und müssen lernen, einander, unsere Männer, unsere Familien, unser Zuhause zu beschützen ... Ich lasse die Frauen stehen und bringe dir Wasser, damit du dir das Gesicht waschen kannst, die Hände ... Mir ist der Ausdruck auf deinem Gesicht peinlich. Wie bei einem schlaflosen Jäger. Lange Schatten. Deine Augen sind wie vergehende Glut, die neu entfacht sein will. Wo sind die Flammen, die in ihnen lodern sollten? Dein Mund verzieht sich vor Selbstmitleid, deine Lippen sind grau von den salzigen Rückständen einer verschwitzten Nacht: die Ufer eines Flusses nach der Flut ... Ich halte dir das Wasser hin, und du nimmst mir die Schüssel aus den Händen. Dir fällt nicht auf, daß meine Hände ausgestreckt bleiben. Meine Arme tun weh unter einer Last, die du nicht von mir nehmen willst.

Wieder ist es Nacht, und mit ihr bin ich an deiner Seite. Was bleibt noch zu sagen? Die Zeit läuft davon. Tränen fließen, viele Tränen, als sie sich von ihrer Mutter verabschiedet, von den Freundinnen, vom Zuhause und dem Spielzeug der Kinderzeit. Sie sieht jetzt schon alt aus – nein, wie tot – im vergehenden Licht der blutgetränkten Sonne. Wir spüren es, alle – die Männer, die Frauen, ihre Mutter, auch wenn sie die einzige ist, die keine Träne vergossen hat. Vielleicht war ihr Leben nur ein einziger langer Klagelaut, wer weiß das schon? Von ihrem ewig betrunkenen Mann verlassen, mußte sie allein die fünf Töchter großziehen, und keine hat es zu etwas gebracht. Wer weiß, was in ihrem Kopf vor sich geht?

Das Anschneiden der Torte ist die allerletzte Handlung, bevor sich das Hochzeitsgeschehen zum Haus des Bräutigams verlagert. Ich will über die Torte singen ...

Sie liegt auf einem großen weißen Tablett. Alle sind sie da – die Mutter, die Tanten, Verwandte von nah und fern, die Dorfältesten, die Freundinnen und Freunde –, um die Torte miteinander zu teilen. Mir tut das Herz weh. Nein, ich werde nichts sagen. Ihr würdet es nicht verstehen. Ihr würdet meine Worte einfach abtun als die Worte einer eifersüchtigen Frau. Wir singen eine Hymne. Ich führe den Gesang an. Im Zimmer lastet etwas, das wir nicht erklären können. Die Dunkelheit kommt uns dunkler vor, obwohl die Nacht noch ganz jung ist. Irgendwo in den schwärzer werdenden Bäumen gurrt eine Taube. Ein Hahn kräht. Wir singen, und doch herrscht Stille: Spürst du sie? Sarapavan, ihr Onkel und Vormund, tupft sich mit einem makellos weißen Taschentuch die Augen und gibt uns ein Zeichen, mit dem Singen aufzuhören: »Wir haben keine Zeit mehr«, sagt er. Ich kann ihm nur zustimmen. Er bittet alle, Platz zu nehmen. Dann bittet er dich aufzustehen. Du erhebst dich und nimmst aus seiner Hand das Messer entgegen.

Dreimal bittet ihr Onkel sie aufzustehen, und dreimal erhebt sie sich, schwankt und sinkt auf ihren Stuhl zurück. In der Menge erhebt sich ein Murmeln: »Du gehst schließlich nicht in den Tod.«

»Ein Ehemann ist eine Art Sterben.«

Ich halte die Luft an.

»So sollte sie sich nach drei Tagen fühlen«, sagt meine Tante. »Heute ist erst der zweite.«

Schließlich schafft sie es, sich zitternd auf den Füßen zu halten, und stützt sich auf deinen Arm. Du siehst wunderbar aus, wie du so aufrecht dastehst, fast trotzig, als würdest du einen Geist zum Kampf herausfordern, während du deine kleine Schwester beruhigst, daß sie im Dunkeln keine Angst haben muß. Du hältst ihr das Messer hin. Sie erlaubt, daß du ihre Hand in deine ruhige Hand nimmst. Gemeinsam haltet ihr das Messer über die weiße Torte. Wir halten den Atem an. Das Messer zögert einen

Augenblick, ihre Hand ist unsicher, als fürchtete sie sich davor, die Torte in ihrer Vollkommenheit, ihrer schneeweißen Makellosigkeit, zu berühren. Langsam senkt sich das Messer herab. Als die Klinge die Decke der Torte berührt, zuckst du zurück – es sieht irgendwie grausam aus, wie sich die Klinge in die weiche Masse gräbt. Ein Aufatmen, und das Zimmer wird von Jubel, Pfiffen, Beifall erfüllt. Vor meinen Augen verschwimmt alles zu Finsternis. Doch nur einen Augenblick lang. Du lächelst schüchtern. So, als hättest du ... Doch warum darüber sprechen?

Ich muß an die Urgewalt denken, an den niemals wiederholbaren Frieden jenes ersten Tages oben auf dem Berg. Die Sterne schienen so nah, man hätte die Hand ausstrecken und sie berühren können. Das Wissen, daß der Fluß schon immer und ewig da war. Warum es aussprechen? Und als das Messer sich in das Herz der Torte schnitt, war es, als trenntest du alles durch, was dich mit dem verband, das du früher einmal gekannt hast. Ich kann nur zusehen, wie die Wände meines Herzens zu bröckeln beginnen und einstürzen, und einen Augenblick lang muß ich mich inmitten der ganzen Menge auf den Fußboden setzen.

Es ist eine prächtige Torte mit gelber Füllung. Sie sieht so frisch aus wie eine Melone. Die Leute fangen an zu lachen. Ein erleichtertes Lachen. So, als hätten sie Angst davor gehabt, du könntest deine Aufgabe nicht bewältigen. »Gib's ihr!« ruft eine Stimme – die Bedeutung ist ziemlich eindeutig, hat aber die sonst damit verbundene Anstößigkeit verloren. »Gib's ihr!« Und du nimmst ein kleines Stück Torte und hältst es ihr vor den Mund. Fast so, als wäre es ein Sakrament. Das Stück ist ein bißchen zu groß für ihren kleinen Mund, den sie weit aufgerissen hat, und du schiebst das Stück hinein, gewaltsam fast. Sie verschluckt sich, muß spucken und schnappt nach Luft. Jemand ruft nach Wasser, und alle lachen und klatschen in die Hände: »Das ist's! Das ist's! Ist wohl zuviel für sie, was?« Ich sehe weg und verberge ein Schluchzen hinter einem Husten. Irgendwo im Zimmer stimmt irgend jemand, eine der alten Frauen vielleicht, eine Hymne an. Es ist eins meiner Lieblingslieder. Ich kann nicht mitsingen.

Ich ersticke an den Worten. In meinem Herzen tost ein Sturm. Und während die Leute weitersingen, wird es mit einem Mal finster im Zimmer. Die Berge im Westen haben die Sonne ausgesperrt. Wie Ungeheuer sehen sie aus, ducken sich gleich hinter dem Hof, schleichen sich an, drohen, dieses Heim zu verschlingen. Und mit einem Mal fällt das Lied ohne Vorwarnung in sich zusammen und verklingt. Alle knöpfen sich ihre Mäntel und Jacken zu. Gegen einen kalten Wind, der sie noch gar nicht richtig erfaßt hat …

Wie Regen, der aus schweren Wolken fällt, die sich schon seit langem über den Himmeln meines Herzens zusammengebraut haben – ich weiß nicht, wie lange schon –, fließen mir die Tränen, doch ich weigere mich, mich hinzusetzen. Und während die Hochzeitsgäste einer nach dem anderen das Zimmer verlassen, sitze ich einsam am Hochzeitstisch und starre auf die Überreste der Hochzeitstorte. Ich hebe die zerbrochenen Teile auf, die Reste des Tabletts, das sie fallen gelassen hat. Geistesabwesend, wie im Traum, setze ich sie zusammen. Bis auf die Risse sieht das zerborstene Tablett wieder ganz aus. In der Dunkelheit des Zimmers kann man nicht einmal mehr die Risse sehen. … In mir tritt mich dein Kind. Das dritte Mal in dieser Woche … Ein Omen? Drei Tage mindestens, hat meine Tante gesagt. Wenn sie recht hat, dann werde ich morgen wieder gemeinsam mit den Mädchen singen. Vielleicht so, wie ich niemals wieder singen werde: bei ihrer Beerdigung.

Calixthe Beyala
Kamerun

Foto: Renaud Monfourny

Calixthe Beyala (* 1961 in Duala) ist die erste afrikanische Autorin, die in Frankreichs Literaturbetrieb Beachtung findet. Sie erhielt zahlreiche Preise, darunter den Großen Preis der Académie Française, der damit zum ersten Mal nach Afrika ging. Von ihrem achten Buch »Jenseits von Duala« (1996) wurden in den ersten drei Monaten nach seinem Erscheinen 120 000 Exemplare verkauft. Calixthe Beyala erzählt zumeist vom Leben afrikanischer Immigranten in Paris sowie von physisch und psychisch ausgenutzten Frauen. »Jenseits von Duala« versammelt zahlreiche Motive aus ihren vorangegangenen Büchern. Wie »Der kleine Prinz aus der Vorstadt« spielt das Buch in dem Vorort Belleville, wie in »Nahes, fernes Afrika« verknüpfen sich die Lebensläufe zweier Frauen, die aus Afrika nach Frankreich kommen. In ihrem Erstling »Wen die Sonne liebt, den tötet sie« spielt Jungfernschaft eine große Rolle, so auch bei Saida, der Hauptfigur in »Jenseits von Duala«, die unberührt in die Ehe gehen möchte. Das Buch nährte bereits früher erhobene Vorwürfe, die Autorin bediene sich gelegentlich aus Texten anderer Autoren. Dazu Calixthe Beyala: »Keine Schöpfung kommt aus dem Nichts. Für mich ist dieser Vorwurf ein großes Kompliment, denn damit werde ich in eine lange Reihe namhafter Autoren gestellt, die allesamt Plagiatoren waren: Racine, Baudelaire, Camus, Sartre.«

La petite fille du Réverbère. Roman. Albin Michel: Paris 1998.
Jenseits von Duala (Les honneurs perdus, 1996). Roman. Aus dem Französischen von Giò Waeckerlin Induni. Fretz & Wasmuth: Bern 1998.
La négresse rousse. Ed. J'ai lu: Paris 1997.
Nahes, fernes Afrika (Assèze l'Africaine, 1994). Roman. Aus dem Französischen von Karola Bartsch. Knaur: München 1996.
Der kleine Prinz aus der Vorstadt (Le petit prince de Belleville, 1992). Jugendroman. Fischer: Frankfurt am Main 1995.
Lettre d'une Africaine à ses sœurs occidentales. Spengler: Paris 1995.
Maman a un amant. Albin Michel: Paris 1993.
Seul le diable le savait. Roman. Le Pré aux Clercs: Paris 1990.
Wen die Sonne liebt, den tötet sie (C'est le soleil qui m'a brûlée, 1987). Roman. Aus dem Französischen von Anna Schmitt. Rowohlt: Reinbek 1989.
Tu t'appelleras Tanga. Roman. Stock: Paris 1988.

Calixthe Beyala
Läuse knacken

Mit vierzehn konnte ich kochen. Ich spaltete das Holz für das Feuer, das ich dann schürte, bis die Flammen aufloderten. »Niemand kann das Feuer so gut schüren wie Saida«, sagten die Frauen, wenn sie sahen, wie ich mir auf allen vieren die Lungen aus dem Leib blies. Ich hörte aus der Ferne die Rufe der gleichaltrigen Jungen, die Bälle hin- und herschlugen, und Gejohle, wenn sie danebentrafen. Ich ließ mir keine Zeit, über diese Dinge nachzudenken, denn ich ahnte, daß es für mein inneres Gleichgewicht gefährlich sein konnte. Ich war mir bewußt, daß ich in eine Sackgasse geraten könnte, wenn ich mich zu weit vorwagte. Ich stürzte mich voll und ganz in die häuslichen Verrichtungen. Ich überwachte die Suppe auf dem Feuer. Ich rührte mit einem großen Holzlöffel darin, damit sie nicht auf dem Topfboden anbrannte. Mama war sehr zufrieden mit meiner Arbeit. »Du bist eine richtige Frau«, lobte sie mich. Und ich war glücklich und vergaß darüber das Geschrei der Jungen, die sich erlauben konnten, an nichts anderes als an Spielen zu denken.

Papa zeigte seine Genugtuung auf ganz besondere Art. Er setzte sich in seinen verkrüppelten Sessel und aß die Suppe, in der Fleischstücke schwammen, mit den Fingern. Er leckte seinen Teller aus, rülpste, lehnte sich in seinem Sessel zurück, und seine Knollennase zog geräuschvoll die Luft ein. »Ich bin Mohammeds Jünger!« rief er laut. Dann spuckte er dreimal in hohem Bogen auf den Fußboden. »Die höchste Sittlichkeit ist mein Bestreben.« Wenn ich meinen Vater so glücklich sah, fühlte ich mich nützlich.

Ich war mir meines Andersseins nicht bewußt und konnte daher nicht den Anspruch erheben, mehr zu verlangen, als die Natur mir zu gewähren schien. Ich hatte keinen Verlobten, auch wenn um mich herum Mädchen meines Alters bereits heirateten. Ich wußte einiges über die Liebe: wie man sich hastig in der Dunkelheit liebt zum Beispiel. Aber ich wußte auch, daß das schlecht war. Ich wußte dank der dicken Apothekerin, daß Liebe ein wunderbares Gefühl ist. Aber ich wußte auch, daß der Mechanismus der Liebe aus den Fugen geraten und zum Selbstmord führen kann. Dieser Gedanke sollte mir viele Jahre helfen, nicht zuviel Mitleid mit mir selbst zu haben und die Frustrationen zu unterdrücken.

Zu der Tageszeit, wo die Hunde auf mildere Temperaturen warten, um sich zu paaren, saß ich manchmal unter einem Mangobaum, während Amila de Pontifuis Läuse jagte. »Haare wie du hat niemand«, sagte sie. Sie fing eine Laus und knackte sie zwischen den Zähnen tot. »Haare wie du hat niemand sonst. Ich möchte sie am liebsten ständig kämmen.« Sie flocht mir zwei dicke schwarze Zöpfe. »Du bist wie eine Schwester für mich; wir werden uns nie trennen, nicht wahr?« Ich lauschte auf das Pochen meines Herzens. In Amila de Pontifius' Gesten lag etwas Aufwühlendes. Wir erzählten einander flüsternd unsere kleinen, kindischen Geheimnisse, bis es Zeit war, in unsere jeweiligen Küchen zurückzukehren. Während ich Zwiebeln schnitt, mit der Gabel Tomaten für die Soße zerdrückte, überhäufte mich Mama, die kraftlos auf einer Matte lag, mit Ratschlägen: »Man darf auf der Straße die Männer nicht anblicken, das gehört sich nicht.« Ich legte den Fisch ins brutzelnde Öl. »Es ist ratsam, auf die Heirat zu warten, um sich gewissen Vergnügen hinzugeben.« Ich setzte Wasser für den Kuskus auf. »Gott hat für jede Frau einen Gatten bestimmt, und eines Tages wird es geschehen, wie Gott es bestimmt hat.« Ich rührte im Kuskus. »Jungfräulichkeit und Treue sind die schönsten Geschenke, die eine Frau ihrem Gatten in die Ehe bringen kann.« Manchmal hörte ich ihr aufmerksam zu und stellte kluge Fragen. Andere Male wiederum hörte ich ihr überhaupt nicht zu, dann schloß sie unweigerlich: »Frau sein ist eine schwere Bürde, mein Kind.«

Mama spielte ihre Rolle. In Kuskus von Treue sprechen war natürlich reiner Wahnsinn; Männer wie Frauen kannten diese Gebote bestens, die sie aber nicht im geringsten daran hinderten, fremdzugehen. Und was die Bürde anging, so dachte ich, daß es keine Last gebe, deren man sich nicht entledigen konnte. Ich irrte mich.

Die Zeit verging, und Amila de Pontifuis veränderte sich. Es war in dem Jahr, als wir beide fünfzehn wurden. Zwei Wochen lang kam sie nicht zur Schule. Ich ging vergeblich an ihrem Haus vorbei. Bei ihr gingen ständig Leute ein und aus. Marktfrauen legten dort eine kleine Pause ein. Sie stellten ihre Eimer hin, um ihr Kreuz auszuruhen oder den Durst zu löschen. Sie schwatzten über Politiker, erzählten, das seien allesamt Gangster. Assomption, Amila de Pontifuis' Tante, hörte ihrem Tratsch zu. Ihr kleiner hagerer Körper hüpfte herum, als wäre sie von tausend Bienen gestochen. »Ich verhungere lieber, als diesem Diebespack die Stimme zu geben!« sagte sie. Dann verschwand sie mit wirbelndem Rock, der hinten ganz zerknittert war. Sie brachte mit Palmwein gefüllte Kalebassen, auf dem Fliegen obenauf schwammen. Ihr haselnußfarbiges Gesicht hellte sich auf, und sie entblößte ihre schiefen Zahnstummel.

»Löscht euren Durst, Schwestern! Das gibt euch Kraft, um diesen Dreckskerlen in den Hintern zu treten!«

Die Frauen tranken, bedankten sich, versprachen einmütig, für ihr Wohlergehen zu beten, und verabschiedeten sich. Ich traute mich nicht zu nahe ans Haus. Ich fürchtete mich ein wenig vor ihrer Tante, denn offenbar verbrachte diese Frau – laut Papa – die meiste Zeit des Tages eher mit Beinebreitmachen als mit Weinverkaufen. Und weil ich meine Freundin nirgends entdeckte, kehrte ich mit zentnerschwerem Herzen nach Hause zurück.

Eines Nachmittags hatte ich mehr Glück.

Die Sonne schien zwischen dem Laubwerk. Die Geräusche des Tages erstarben. Nur die Gerüche erinnerten an Kuskus' Leben. Ein mir unbekanntes Mädchen kauerte vor Amila de Pontifuis' Haus und stopfte ein belegtes Brot in sich hinein.

Es war Amila, aber sie sah ganz anders aus. Sie hatte zugenommen. Ihre mit Cremes vitaminisierte Haut war viel glatter, glänzender und auch heller. Sie hatte keine Läuse mehr, und ihr pomadiges und sorgfältig gekämmtes Haar sah nicht mehr aus wie ein verfilzter Wust. Ich sehe heute noch den mit einem Hortensiensträußchen geschmückten gelben Hut auf ihren Knien, ihre weißen Söckchen und ihr rosagestreiftes Baumwollkleid.

»Heute ist kein Feiertag«, sagte ich zu ihr.

»Eine Frau muß auf ihr Äußeres achten«, antwortete sie.

Ich trug ein weißes Kleid mit Ölflecken so groß wie Hundertfrancstücke. Meine schmutzverkrusteten Füße steckten in roten Zehenlatschen. Mein Rücken und mein Bauch waren klatschnaß, der Schweiß rann zwischen meinen Beinen hinunter.

»Was ist mit dir los?« fragte ich angesichts dieser plötzlichen Veränderung.

»Das Leben kann Spaß machen«, antwortete sie mir.

Ich fragte mich, was ihr wohl solchen Spaß machte. Gab es vielleicht etwas Genüßlicheres als die Ekstase, eine Laus zu erwischen und sie zwischen den Zähnen zu zerknacken?

»Ich hab dir ja immer gesagt, daß ich eines Tages französische Speisen essen würde. Erinnerst du dich? Der Moment naht.«

»Du machst mir Sorgen«, sagte ich. »Deine Tante sollte ...«

»Meine Tante glaubt, daß für mich der Moment gekommen ist, mit eigenen Flügeln zu fliegen.«

Sie lachte, breitete die Arme aus, als ob sie davonfliegen wollte.

»Weißt du was? Ich gehe nach Frankreich!«

»Das würde mich aber wundern.«

»Wetten wir?«

Ich hatte keine Lust, mich auf solchen Quatsch einzulassen, sondern vielmehr, sie zu fragen, woher sie das viele Geld hatte, um sich solche Kleider zu kaufen. Sie kam mir zuvor:

»Man muß sich zu helfen wissen.«

Es war ein seltsames Gefühl, sie so reden zu hören. Aber da war noch eine Veränderung, eine schreckliche, die mir erst später bewußt wurde und mir geradezu den Atem nahm: Amila de Pontifuis sprach nur noch Französisch!

Als wir uns voneinander verabschiedeten, verging ich vor Hitze, vor Eifersucht und Beschämung. Ich irrte betäubt durch Kuskus' Gassen. Die Blechdächer breiteten sich wie eine goldflirrende Luftstickerei vor mir aus. Die Menschen und die Dinge waren bloß Rauch. Zwischendurch lüftete ich den Kragen meines Kleides, blies mir etwas Kühle in den Ausschnitt. Ohne es zu bemerken, stand ich plötzlich vor dem Haus des Apothekers.

Der Apotheker döste auf einem Faltbett auf der Veranda, ein aufgeschlagenes Buch auf dem Bauch. Seine Frau saß auf einer

Matte. Sie hatte schon gegessen und verdaute nun in der stumpfsinnigen Schläfrigkeit der langen new-bellischen Siesta. Als sie mich sah, rief sie: »Was machst du denn für ein Gesicht, Saida? Hast du ein Gespenst gesehen?«

»Mehr oder weniger.«

Ich schüttete ihr mein Herz aus, dies um so mehr, als ich mich zu Hause nicht beklagen durfte. Angesichts der Opfer, die meine Eltern auf sich nahmen, um mich zu ernähren, mir ein Dach über dem Kopf zu geben und mich in die Schule zu schikken, hätten sie nicht verstehen können, daß ich weder Begeisterung noch Hoffnung aufbrachte.

»Brauchst dich nicht zu grämen«, sagte die Apothekerin. »Eines Tages ...«

»Ich glaub nicht dran.«

»Habe ich dir schon von Romeo und Julia erzählt?«

»Ja.«

»Eine schöne Geschichte, nicht wahr?«

»Kommt drauf an. Es hat nur eine Nacht gedauert.«

»Lieber eine Nacht der Liebe und Ewigkeit, mein Kind, als ein ganzes Leben einen Mann ertragen, den man nicht liebt«, sagte sie mit einem vielsagenden Blick auf ihren Gatten.

Der Apotheker öffnete prompt die Augen. »Es liegt an dir, daß du nicht alle Tage meine Julia bist«, sagte er schläfrig.

»Was willst du damit sagen, du Mistkerl?« Sie stand auf und beugte sich über seinen Kopf.

»Nichts Böses, Liebste, Perle meines Herzens. Ich wollte damit ganz einfach betonen, daß es Frauen gibt, die so träge sind, daß man in sie hineingleitet wie ins Wasser.«

»Mist –«

»Nicht aufregen, mein Schatz. Die Trägheit ist Teil deiner Sinnlichkeit.« Er erinnerte sie daran, daß sie zu Anfang ihrer Verbindung so faul war, daß sie tagelang bis spätabends im Bett blieben. Sie aßen und schliefen im Bett.

»Trotzdem bist du nicht imstande gewesen, mir ein Kind zu machen«, warf sie ein.

»Nicht ich, mein herzallerliebster Schatz, das Schicksal.«

Als ich merkte, was für eine Wendung ihr Gespräch nahm, stand ich verlegen auf.

»Bleib noch ein bißchen«, meinte die Apothekerin.

»Nein, danke.«

»Komm wieder. Du weißt, die Tür steht immer offen für dich.«

»Vielen Dank, aber nur damit du es weißt: Ich glaube immer noch nicht an die Liebe.«

»Es steht dir frei zu glauben, du seist ungläubig«, sagte sie, »aber man braucht bloß in den Gärten spazierenzugehen und den Himmel zu betrachten, um zu verstehen.«

»Vielleicht, wer weiß. Aber Gärten, wo man hier bei uns spazierengehen könnte, gibt es keine, und der Himmel ist immer grau.«

Beim Hinausgehen hörte ich sie ihren Mann tadeln: »Es gibt Dinge, die sagt man nicht vor einem Kind. Das gehört sich nicht.«

Was folgte, entging mir, denn ich stand bereits im Hof.

Der Abend war mit seiner typischen Brutalität hereingebrochen. Ich hörte die Stimmen der Männer, die von der Arbeit nach Hause kamen. Ich erkannte sie an ihren brennenden Laternen. Es waren Eisenbahner. Einer sagte: »Ein Mann ist noch viel anfälliger als eine Frau in den Wechseljahren.« Dann sah ich sie zu Madame Kimoto gehen. Die ersten abendlichen Straßenverkäufer packten ihre Plunderklamotten aus. Stippmätressen in knalligen Fetzen hatten ihr Laufgeschäft aufgenommen und forderten, ihren Putenhintern schwenkend, das Glück heraus. Sobald ein Mann aufkreuzte, kreischten sie: *»Hello, boy!«* Sie klapperten mit den Wimpern: *»Can I help you, brother?«* Junge Dinger, die fest entschlossen waren, einen Ehemann aufzugabeln, gerieten in Verzückung, wenn ein Großkotz ihnen hundert alte Franc versprach, überzeugt, daß sich hinter dem Neurotiker, der eilig eine Nummer schieben wollte, ein künftiger Ehegatte verbarg. Mütter riefen ihre Kinder. Insekten sirrten. Leuchtkäfer mit gelbem Auge zappelten im Laub. Aus den Küchen drang der Geruch von *kwem*, von Huhn mit Erdnußsoße oder fritiertem Fisch.

Mir war übel: Ich war mir bewußt, daß das Leben immer weiterschritt und ich eine Außenseiterin blieb. Ich hielt vor unserem Haus an, raufte mich zusammen, bevor ich hineinging, um nicht wie ein von Ängsten gequältes Geschöpf dreinzuschauen.

Beim Abendessen fragte Papa, was ich den Tag über gemacht hatte. Mama sagte, ich sei den ganzen Tag bis Sonnenuntergang zu Hause geblieben. »Sehr gut«, sagte er bloß. Ich widersprach selbstverständlich nicht.

Rayda Jacobs
Südafrika

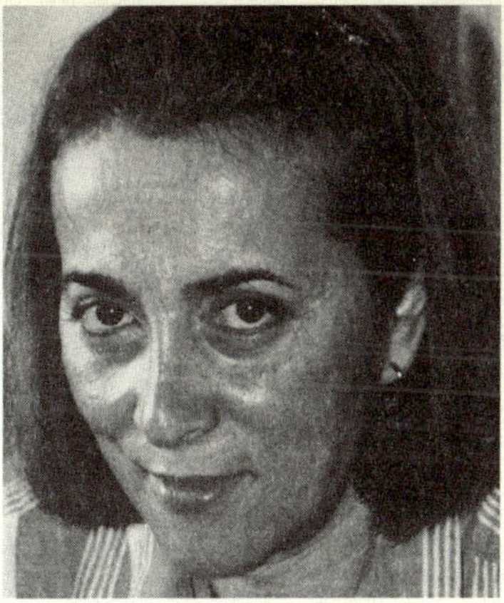

Die Literatur Südafrikas ist reich an historischen Romanen über die Landnahme durch weiße Siedler und den aussichtslosen Kampf einheimischer Buschleute gegen die Eindringlinge. In der Familiensaga »Augen des Himmels« dominieren die beiden feindlichen Brüder Roeloff und David und ihr gewalttätig-patriarchalischer Vater Willem den Mikrokosmos des Landesinneren der Kap-Provinz im 18. Jahrhundert. Die Brüder müssen mit ansehen, wie ihr Vater einen Buschmann einfach erschießt, zugleich fühlen sich beide zu dem selbstbewußten Buschmädchen Zokho hingezogen. Doch nur Roeloff, genannt »Augen des Himmels«, vermag es, von Achtung und Zuneigung geprägte Beziehungen zu den Buschleuten aufzubauen, während sein Bruder ihn durch eine Intrige aus dem Haus treibt. Mit großem Einfühlungsvermögen läßt Rayda Jacobs eine vergangene Welt wiedererstehen, in der Liebe und Haß, Verachtung und Respekt und die brutale Schönheit der Landschaft noch archetypische Wucht haben. Ihr Roman ist der Auftakt einer Trilogie, in der verschiedene, miteinander verbundene Familienschicksale bis ins 20. Jahrhundert verfolgt werden.

Für den ersten Roman wurde Rayda Jacobs, die nach 27 Jahren im Ausland 1995 nach Südafrika zurückkehrte, mit dem Herman Charles Bosman Prize for English Literature ausgezeichnet.

Augen des Himmels (Eyes of the Sky, 1996). Roman. Aus dem Englischen von Hilde Schruff. Lamuv: Göttingen 1999.
The Slave Book. Roman. Kwela: Kapstadt 1998.
The Middle Children. Stories. Tsar Publ.: Toronto 1994.

Rayda Jacobs
Einsamer Steinbock

Am zweiten Tag, spätnachmittags, erreichte Roeloff die Hantamberge. Über einer Baumgruppe stieg Rauch auf, und ihm wurde klar, daß er sich in der Nähe einer Lagerstätte befand. Die Hufe seines Pferdes würden auf der harten Erde so laut hallen, daß sie erschrecken und sich verstecken würden, und so stieg er vom Pferd und ging die letzte Meile zu Fuß. Twa behauptete, man könne beinahe über einen Sonqua stolpern, ohne ihn zu bemerken, so gut würde er sich an seine Umgebung anpassen. Als er näher herangekommen war, hörte er sie singen und klatschen. Er hoffte, den richtigen Stamm gefunden zu haben.

Doch er war nicht so vorsichtig gewesen, wie er geglaubt hatte, denn ein Kind, das am Rande der Stätte spielte, lief plötzlich hinein und warnte die anderen vor ihm. Die Musik setzte aus, und die Gruppe verstummte.

»Augen des Himmels!«

Er hatte den richtigen Ort gefunden.

Die anderen, die ihn noch nie gesehen hatten, beobachteten erschrocken, wie ein großer Mann, der in den sonnenwarmen Farben der Karoo gekleidet war und lange, helle Haare hatte, die über seine breiten Schultern fielen, mit ausholenden Schritten auf sie zukam.

Dann erst entdeckte er die flachen Schutzschirme aus Gras und Zweigen auf dem offenen Platz hinter einem Baum. Er hatte noch nie zuvor eine so große Gruppe von gelbhäutigen Jägern gesehen. Er erkannte ein paar der Gesichter.

Koerikei löste sich aus der Gruppe.

»Augen des Himmels. Dein Besuch ehrt uns.«

Roeloff begrüßte ihn und nickte den anderen in der Nähe zu.

»Du fragst dich, warum ich hier bin.«

»Wir haben keine Schafe. Wir halten unser Versprechen, dein Land nicht zu betreten.«

»Ich weiß.«

»Was bringt dich her, Augen des Himmels?« Toma trat einen Schritt vor. Er war nicht so geduldig wie die anderen, die darauf warteten, daß der Gast etwas sagte.

Roeloff sah den jungen Jäger an.

»Ich suche Zokho.«

Damit hatten sie nicht gerechnet.

»Zokho? Warum suchst du sie? Sie ist vor langer Zeit weggelaufen.«

»Sie kam zu mir.«

Ihre Stimmen erhoben sich im Chor.

»Zu dir?« fragte Koerikei.

»Es gibt ein Kind. Sie ließ es allein, nur wenige Stunden alt.«

Die anderen sahen sich skeptisch an.

»Ihr beide? Ein Kind?« Das war ja unglaublich.

»Es ist tapfer von dir, hierherzukommen, nachdem du dir eine von unseren Leuten genommen hast«, sagte Toma.

»Ich nahm sie mir nicht. Sie kam zu mir, freiwillig.«

»Und verließ dich wieder, wie sie gekommen ist. Das ist Zokho.«

Ein alter Mann aus der Gruppe kam auf ihn zugehumpelt. Roeloff erkannte die gebeugte Figur von Limp Kao.

»Du erinnerst dich an Limp Kao?« fragte Koerikei. »Er ist blind, doch er kann weiter blicken als die meisten anderen hier. Er erzählt uns, alter Vater, daß Zokho bei ihm war. Es gibt ein Kind. Jetzt ist sie weggelaufen.«

Limp Kao nickte.

»Komm, wir setzen uns«, sagte Koerikei. »Das wird ein langer Tag. Laß uns reden.«

Roeloff fiel auf, daß sie im Kreis um eine Person herumgestanden hatten, die auf dem Boden lag. Er betrachtete sie genauer und sah, daß es ein junges Mädchen war, hochschwanger, und über sie beugte sich ein Mann, der mit Fellen bekleidet war und Rankgewächse um seine Fußgelenke gewickelt hatte.

»Ich habe euch unterbrochen.«

»Eine Heilzeremonie. Sie ist vorbei. Dieses Mädchen ist Tomas Frau. Sie ist von bösen Geistern besessen. Toma hat nicht viel Glück mit seinen Frauen. Diese hat auch den Kopf voller Teufel.«

Roeloff sah Toma an.

»War die Zeremonie erfolgreich?«

Toma antwortete nicht.

»Wir werden morgen wissen, ob der Heiler ihre Krankheit angenommen hat«, sagte Koerikei. »Wenn nicht, werden wir es noch einmal im neuen Mond versuchen. Komm, setzen wir uns mit Limp Kao an mein Feuer. Du bist an einem guten Tag gekommen; wir haben eine Elenantilope erlegt.«

Der Platz leerte sich, und die Leute kehrten an ihre Feuerstellen zurück.

Er saß mit Koerikei, Tau und Limp Kao an ihrem Feuer und aß mit ihnen Fleisch, das der Jäger ihm, auf die Spitze eines Stocks gesteckt, reichte. Die Keule war perfekt gebraten, das Fleisch löste sich vom Knochen. Er war so hungrig, daß er sogar eine Puffotter gegessen hätte, wenn ihm eine angeboten worden wäre. Er nahm das höfliche Verhalten seines Gastgebers wahr, die Ruhe der anderen. Koerikei teilte erst und nahm sich selbst das kleinste Stück. Roeloff staunte über die Harmonie unter diesen Menschen, die ein so eng verbundenes Leben führten. Er hatte Fragen, empfand es aber als aufdringlich, sie zu stellen. Nach dem Essen reichte Tau ein Straußenei, aus dem jeder einen Schluck Lehmwasser trank.

»Ich habe schon lange nicht mehr so gut gegessen«, sagte Roeloff ehrlich. »Ich danke euch.«

Koerikei beschäftigte sich mit kleinen Ästen an der Feuerstelle und versuchte, nicht zu zeigen, wie sehr ihn das freute. Sie saßen sich am Feuer gegenüber. Roeloff betrachtete ihn genau. Seine Füße starrten vor Dreck und waren so rissig wie die Füße von Twa, Koerikei aber war um viele Jahre jünger, und sein sehniger Körper glänzte im Feuerschein. Seine Bescheidenheit beeindruckte Roeloff. Koerikei fand freundliche Worte für seine Frau und schien die Dinge sorgfältig abzuwägen, bevor er etwas sagte. Ein guter Charakterzug, hätte sein Großvater gesagt. Ein Mann, der dahinbraust wie der Wind, macht überflüssigen Lärm, doch derjenige, der seine Worte abwägt, hat mit Sicherheit Wichtiges zu sagen.

»An unseren Feuern wird oft von dir erzählt, Augen des Himmels«, sagte Limp Kao schließlich. »Wir sind nie zuvor einem Menschen wie dir begegnet.«

Koerikei lächelte. Er stimmte dem alten Vater zu.

»Wir reden oft von dem, der den Wind in den Augen trägt und den Regen in seinem Herzen; wie er, nach allem, was geschehen war, uns doch ein Schaf seines Vaters gab. Wir sagten, er sei klug. Und gerecht. Der weiße Mann behandelt uns nicht sehr freundlich. Jeden Tag drängt er uns weiter und weiter weg, zur Sonne hin. Wir haben nichts dagegen, wenn er sich ein Stück von unserem Land nimmt, aber er will die Früchte aus der Erde und ihre Tiere, und uns soll nichts mehr bleiben. Wir sind schon hoch hinaufgezogen. Das alles hier war unser, bevor er mit seinen Gewehren herkam. Wohin sollen wir gehen? Die Götter geben das Wasser, sie geben die Tiere, aber sie erschaffen nicht noch mehr Land. Bald werden wir am Ende der Erde hinunterfallen.«

Roeloff nahm sich ein Stück Tabak und zerbröckelte ihn auf einem trockenen Blatt, das er glattstrich und zusammenfaltete. Er zündete es an und reichte es dem alten Mann.

Limp Kao zog den Rauch tief in die Lungen.

»Uns gehört nichts, und wir wollen nur in Frieden leben. Wir könnten nicht überleben, wenn wir uns nicht einigten. Nichts teilten. Wenn du eine Antilope hast, esse ich bei dir. Morgen, wenn ich etwas habe, ißt du bei mir. Du sagtest einmal, sich etwas auszuleihen hieße, sich mit Zustimmung etwas zu nehmen. Danach gibst du es zurück. Wir haben darüber gesprochen. Ich frage dich, Augen des Himmels, wer ist der wahre Leihgeber aller Dinge? Wer nimmt sie zurück? Mit einem vollen Bauch ist leicht reden, doch was würdest du tun, wenn du der Eigentümer wärst und wir die Eindringlinge, die dich bestehlen?«

»Ich würde mir selbst treu bleiben.«

Limp Kao dachte darüber nach. »Dir selbst treu zu bleiben, wenn ein Gewehr auf dein Herz gerichtet ist, ist gefährlich.«

»Das ist wahr, aber du kannst nicht ändern, wer du bist. Mein Großvater erzählte mir einmal von der Freiheit. Er sagte, ich solle mich in acht nehmen vor einem Menschen, der sagt, er könne sie mir geben. Wer das sagt, spricht von einer neuen Art, dich in Ketten zu legen.« Limp Kao nickte.

»Er war weise, der Vater deines Vaters. Freiheit kommt von

hier drinnen.« Er berührte seine Brust. »Ohne sie stirbst du.« Er zog ein letztes Mal an dem Tabak und gab ihn dann Roeloff zurück. »Laß uns jetzt über Zokho sprechen. Du hast einen weiten Weg hinter dir. Was wirst du tun, wenn du sie findest?«

»Meine Frage stellen und gehen.«

»Wie lautet deine Frage?«

»Warum sie es getan hat.«

»Ihre Antwort wird dir nicht gefallen, Augen wie der Himmel. Zokho hat die Gunst der Götter verloren, ihr Geist ist nicht mehr rein. Doch wenn sie es getan hat, dann nur, um sich selbst zu schützen. Unser Verhalten ist für andere schwer zu verstehen. Eine Mutter, die Zwillingen das Leben schenkt, muß sich entscheiden, welches von ihnen überleben soll. Ein Kind mit einer Behinderung wird begraben, um ihm Leid zu ersparen. So verlangt es das Gesetz des Velds.«

»Welche Rechtfertigung gibt es dafür, ein Kind zu verlassen, wenn sein Vater nicht da ist, um es zu schützen?«

»Keine. Ich weiß nicht, warum sie es getan hat. Der Schakal versteht die Faulheit der Riesenschlange nicht, doch er geht ihr trotzdem aus dem Weg. Vergiß es, und vergiß Zokho. Folge dem Rat deines Vaters Vater.«

Sie saßen lange schweigend am Feuer. Wie durch eine unausgesprochene Übereinkunft standen ein paar Leute von ihren Feuerstellen auf, versammelten sich in der Mitte der kreisförmig aufgestellten Hütten und legten eine neue Feuerstelle an.

»Sie wollen dir zu Ehren eine Vorstellung geben«, sagte Koerikei. »Die Jäger werden uns mit ihren Geschichten unterhalten. Toma und Gau haben die Elenantilope erlegt, sie werden anfangen. Du wirst hören, wie Toma beinahe von ihren Hörnern durchbohrt wurde. Er ist der beste Geschichtenerzähler, und er hat viele Narben, die das beweisen.«

Roeloff saß am Feuer seiner Gastgeber und wurde von dem heiteren Treiben gefangengenommen. Die Geschichten wurden tanzend und spielend erzählt, und die Jäger ahmten auch die verängstigten Tiere nach, indem sie sich auf die Erde warfen und sich qualvoll krümmten. Das Fest dauerte bis in die frühen Morgenstunden, und die Kinder rannten zwischen den Feuerstellen hin und her.

Am nächsten Morgen erwachte er von der Wärme an seinem Rücken. Er lag zwischen Limp Kao und Koerikei.

»Ich möchte euch danken, Koerikei und alter Vater. Ich muß aufbrechen, bevor die Sonne zu hoch am Himmel steht.«

»Du wirst nicht mit uns jagen?« fragte Koerikei.

»Sie warten zu Hause auf mich. Aber ich habe eine letzte Frage.«

Die Jäger warteten.

»Wißt ihr vielleicht, wer Schafe gestohlen haben mag ...« Er berechnete rasch den Fußweg bis an den Cederberg. »... etwa fünf Tage in diese Richtung?« Er wies in den Süden.

»Unsere Leute halten sich zwischen dem Hantam und dem großen Fluß auf. Wir waren es nicht.«

»Ich weiß. Aber wißt ihr nicht, wo ich sie suchen könnte? Gibt es da unten in der Gegend Sonqua?«

Auf Koerikeis Gesicht breitete sich ein warmes Lächeln aus.

»Sonqua sind überall, Augen wie der Himmel. Manchmal stehst du direkt vor ihnen und weißt nicht einmal, daß sie da sind.«

Roeloff erkannte die Bedenken des Jägers.

»Ich will ihnen nichts tun, Koerikei. Ich habe deinen Leuten noch nie etwas getan. Ich möchte nur die Schafe zurückholen.«

Koerikei betrachtete seine Füße, dann sah er langsam auf.

»Wir wissen von einer Gruppe auf den roten Bergen.«

Koerikei meinte die Cederberge. Roeloff spürte, wie die Hoffnung in ihm stieg.

»Es sind viele Berge, und sie sind lang. Es wird Tage dauern, bis ich sie finde.«

»Du mußt bis ans andere Ende reiten. Wenn du von oben Grasflächen und Bäume siehst und merkst, daß die Landschaft anders ist, weißt du, daß du sie gefunden hast.«

Roeloff stieg auf sein Pferd.

»Danke.«

»Du willst ganz sicher nicht länger bleiben? Wir haben nicht weit entfernt von hier Springböcke gesehen. Mit deinem Gewehr können wir einen schießen und für viele Tage genug zu essen haben.«

Roeloff lächelte.

»Ich werde wiederkommen, dann gehen wir jagen. Wenn ich unterwegs etwas finde, schieße ich zweimal, damit ihr wißt, daß ich etwas erlegt habe.«

Tau reichte ihm ein Straußeneigefäß.

»Ihr braucht es nicht?«

»Nein.«

Roeloff wußte, daß sie log, nahm es aber respektvoll an.

»Gute Reise, Augen wie der Himmel. Wenn du Regen siehst, sag ihm, er soll hierherkommen.«

»Danke. Und dank dir, alter Vater.«

Dann galoppierte er im Veld davon. Der Aufenthalt hatte ihn erfrischt, sein Pferd war ausgeruht, und er hatte es eilig, die Schafe zu finden und nach Hause zurückzukehren. Er ritt an einem alten Weg vorüber, dem er früher einmal mit Twa zusammen gefolgt war, und ein Gefühl der Sehnsucht stieg in ihm auf. Er war weniger als eine Stunde entfernt von dem Ort, an dem er geboren worden war. Seine Gedanken wanderten zu seiner Familie, den Menschen, die auf Kloot's Nek lebten, dann verdrängte er sie, wie er es so oft tat.

Es war später Nachmittag, als er neben ein paar Dornbüschen haltmachte, um sich auszuruhen und etwas zu essen. Warum dieser Ort ihn angezogen hatte, wußte er nicht, doch er bemerkte eine frische Markierung im Sand, als wäre etwas aus der Erde gehoben und wieder vergraben worden. Er betrachtete die Stelle genauer und sah, daß dort jemand gehockt hatte; die Fersen waren tief in den Sand gedrückt worden, die Fußspuren waren schmal und klein.

Er kniete sich hin und schaufelte den Sand mit den Händen weg. Wenige Minuten später hob er ein Straußenei heraus, das durch die Einbettung in der heißen Erde warm war. Ein winziges Loch oben in dem Ei war mit einem Propfen aus trockenem Gras zugestopft worden. Die Jäger begruben in der Karoo überall in Straußeneiern Wasser für Durchreisende.

»Du warst also hier und hast etwas getrunken.«

Er begrub das Ei wieder und stand auf. Er hätte gern ein Zeichen seiner Anwesenheit zurückgelassen, entschied sich aber dagegen. Sie würden glauben, daß das Wasser vergiftet worden sei, und es lag nicht in seiner Absicht, eine lebensrettende Tradition zu behindern.

Wo bist du, Zokho? Bist du hier?

Er ging ein paar Schritte, untersuchte den Boden und fand Spuren, die zu einigen Sträuchern kaum zweihundert Meter von ihm entfernt führten. Sein Herz hämmerte in seiner Brust.

»Zokho!«

Er erhielt keine Antwort, hörte nur den leisen Flügelschlag eines Aasgeiers in der Luft.

Er näherte sich der Stelle, wo er ihr Versteck wähnte. Es war anders als damals, als er sie allein in der Steppe gefunden hatte. Damals empfand er ein wildes Verlangen, und Zokho war ihm entgegengelaufen. Jetzt gab es nichts als Distanz und Schuld.

Er erreichte den Strauch und schaute hinter ihn. Sie war nicht da. Er ging zu einem zweiten, kleineren Strauch und fand sie zusammengekauert, mit dem Kopf zwischen den Knien. Wenn er sie nicht gesucht hätte, wäre er an ihr vorbeigegangen, so gut paßte sie sich an ihre Umgebung an.

»So. Hier hat dein Weg dich also hingeführt.«

Sie stand auf und ging weg, ohne ihn zu beachten. Das Kaross hatte sie sich um die Taille gebunden, und an ihrem flachen Bauch verriet kein äußeres Zeichen, daß sie vor kurzem ein Baby geboren hatte. Nur aus ihren Brüsten, groß und birnenförmig, rann Milch.

Er folgte ihr und ging neben ihr her. »Ich rede mit dir.«

Sie ging weiter.

Er trat mit einem Schritt vor sie. »Warum bist du weggelaufen? Hast unser Baby zurückgelassen?«

Sie kratzte mit ihrem Stock im Sand.

»Ich rede mit dir, sieh mich an!«

Der Stock fiel ihr aus der Hand, und sie schaute auf. Verärgerung oder Verletzung in ihrem Blick hätte ein Gefühl ausgedrückt, doch sie sah ihn an, als würde sie ihn zum erstenmal sehen.

»Du hast nichts dazu zu sagen?«

Sie löste ihr Kaross an der Taille und warf es sich über die Schultern, verhüllte ihre Brüste und verschloß sich vor ihm.

»Ich habe dir gesagt, daß ich nicht auf der Farm bleiben möchte.«

»Und das ist ein Grund, unser Kind zu verlassen?«

»Das und anderes.«

»Was ist das andere?«

»Du weißt sehr wohl, was das andere ist.«

»Du hast unser Baby bekommen. Du hast es verlassen. Ihm hätte sonstwas passieren können. Welche Mutter tut so etwas?«

In ihre Augen schlich sich ein herausfordernder Blick.

»Worüber beschwerst du dich? Du wolltest die Tochter des weißen Mannes, jetzt kannst du sie haben. Zokho war zum Heiraten nicht gut genug.«

»Daß du dich über mich ärgerst, hat damit nichts zu tun. War er dir egal?«

»Ich will ihn nicht! Ich habe ihn in der Nacht, in der er geboren wurde, ausgesetzt. Unter einem Baum, für die Schakale! Dein Krüppel hat ihm das Leben gerettet!«

Die Worte fuhren wie ein Stich in sein Herz, und er zuckte zusammen: »Schakale? Was meinst du?«

»Frag Twa. Er wird dir bestimmt gern erzählen, wie er das Kind am nächsten Tag ins Leben zurückrief.«

Roeloff sah sie an. Er war sprachlos. Die Zokho, die er kannte, war kindlich und unschuldig, es gab nichts Böses in ihr. Er stieg auf sein Pferd. Die Verbindung, die zwischen ihnen bestanden hatte, war hier draußen gestorben, durch ihre Taten, ihre Worte. Sie hätte ebensogut ihre Hände um sein Herz legen und es zum Stillstand bringen können. Es gab kein Gesetz, das das wiedergutmachen konnte. Kein Gesetz der Sonqua und kein anderes. Er hatte mit ihr nichts mehr zu tun. Selbst wenn es ihm leid tat, er konnte daran nichts ändern.

»Jetzt habe ich dich verletzt. Bist du zufrieden?«

Er war immer noch sprachlos.

Zokho zog das Kaross fester um sich und ging an ihm vorbei, um ihren Weg fortzusetzen.

Er saß im Sattel und beobachtete sie, die sich wie ein einsamer Steinbock in der Wildnis auskannte. Das war der Unterschied zwischen ihnen. Nicht die Tatsache, daß sie Sonqua war, daß ihre Götter nicht die seinen waren, sondern daß sie weggehen konnte. Ohne Eile. Frei. Der alte Vater hatte recht, er verstand es nicht. Er wollte es nicht verstehen.

»Leb wohl, Rauch in den Augen«, sagte er leise zu sich selbst.

Das Kaross wurde immer kleiner in der Ferne. Als sie mit dem Veld eins geworden war, drehte er um und ritt gemessen dem Wind entgegen, der seine Augen trocknete.

Andrew Henry Martin Scholtz
Südafrika

Foto: Annari van der Merwe

Ein alter Mann, der noch nie in seinem Leben einen Text verfaßt hat, erzählt die Geschichte eines kleinen Ortes vom Beginn des zwanzigsten Jahrhunderts, die Geschichte der Menschen zwischen allen Stühlen, der Farbigen, »braunen« Menschen Südafrikas. Die Menschen von Vatmaar, so sagt der Autor, sind »arm, einfach, ungeschliffen und zartfühlend. Wenn man sie versteht, so, wie sie sind, fängt man an, sie zu lieben«. Scholtz erzählt so, wie diese Menschen selbst die Geschichten erzählen, die ihr Leben ausmachen – Geschichten über Geburt, Liebe, Heirat, Tod. Seine Sprache ist dabei höchst literarisch, gerade weil den Erzählenden immer auch bewußt ist, daß sie eben nur erzählen. Ein derartig außergewöhnlicher Roman war nur möglich in der Aufbruchstimmung eines neuen Südafrika, in der Geschichten, an denen niemand zuvor Interesse fand, die niemand schrieb, weil sie niemand lesen wollte, endlich aufgeschrieben und veröffentlicht werden.

Andrew Henry Martin Scholtz (* 1923 in Kimberley) hat seit »Vatmaar« eine Sammlung von Lebensberichten und einen weiteren Roman vorgelegt. »Vatmaar«, das für das südafrikanische Fernsehen verfilmt wird, wurde in Südafrika mehrfach preisgekrönt.

Vatmaar (Vatmaar, 1995). Roman. Aus dem Afrikaans von Arnold Blumer. Luchterhand: München 1998.
Afdraai. Roman. Kwela: Kapstadt 1998.
Langsaan di Vuur. Vyf levensverhale. Lebensberichte. Kwela: Kapstadt 1996.

Andrew Henry Martin Scholtz
Kenneth Kleinhans erinnert sich, wie er Kaaitjie kennenlernte

Kaaitjie, meine Kaaitjie, sagte er zu sich selbst. Ich kann nicht glauben, daß es Menschen gibt, die dir und deinen Leuten schaden wollen. Ich habe dich lieb, ich habe dich so lieb. Deine Mutter ist auch meine Mutter, wer oder was sie auch immer ist. Ich werde sie akzeptieren, auch wenn sie ein Dieb ist.

Er erinnerte sich wieder an den ersten Sonntagmorgen, als er sie auf einem Stein vor der niederdeutsch-reformierten Kirche sitzen sah. Als zöge ein Magnet ihn zu ihr. Nie, nie in seinem Leben hatte er so ein Gefühl gehabt. Vielleicht war das die »love at first sight«, von der er schon gehört hatte.

Er sagte sofort zu sich selbst: Ich werde mein Fahrrad schieben – und ging hinüber zu ihr. Als er bei ihr ankam, fragte er: Wartest du auf jemanden?

Ja, Herr, sagte sie, ich warte auf meine Missis. Sie ist Missis Bosman. Ich passe auf ihre beiden Kinder auf.

Dann war die Kirche aus. Er hörte eine Frau mit einem teuren Hut sagen: Dort sitzt mein Kindermädchen. Komm. Kaaitjie, nimm die Kinder.

Kaaitjie schenkte ihm ein Lächeln, das sein ganzes Wesen berührte. Er, Kenneth Kleinhans, war danach nie wieder derselbe – es war ein Teil von ihm, der von diesem Stein neben der Kirche aufstand. Am nächsten Sonntag war er wieder da, noch bevor die Kirche anfing. Dieselbe Frau, die das Mädchen gerufen hatte, um die Kinder zu holen, aber jetzt in einer anderen Ausstattung, tauchte mit denselben beiden Töchterchen und ihrem Mann auf.

Er mußte sich zurückhalten, um diese Frau nicht zu fragen, wo ihr »Mädchen« war. Am nächsten Sonntag regnete es, schon seit dem Samstag, ohne aufzuhören. Alles war unter Wasser. Er dachte bei sich selbst: Sie werden sie nicht so nahe des Gotteshauses auf einem nassen Stein sitzen lassen. Und ich wäre ein Dummkopf, wenn ich mich an einem Sonntagmorgen voll

Schlamm spritzen ließe. Er hatte noch nicht einmal die gestrige Zeitung aufgeschlagen, er wollte sie lesen und den Tag dazu benutzen, sich auszuruhen, beschloß er. Er wollte auch nicht zur Kirche gehen. Seine Kirche, die Wesleyanische Kirche, war nur zwei Häuserblocks entfernt, aber die Straße war wie ein Fluß. Dann dachte er an noch eine Ausrede. Sein Vater hatte immer gesagt: Zuviel Kirche tut niemandem gut – zuviel von irgendwas tut niemandem gut.

Am nächsten Wochenende war sein monatliches langes Wochenende, und er fuhr mit dem Dreiuhrzug zu seinen Eltern nach Graaff-Reinet. Als er von zu Hause zurückkam, hatte er das Mädchen halb vergessen, denn seine Gedanken waren mit der Kuppel des Tempels beschäftigt. Der Architekt gab ihm lieber Skizzen statt maßstabsgetreue Zeichnungen, und er mußte die Details selber erarbeiten.

Eines Sonntagnachmittags beschloß er dann, sich etwas Leckeres beim Café zu kaufen. Das Essen in seinem Gasthaus war dasselbe von Montag zu Montag, und ein schwer arbeitender Mann ist immer hungrig. Die italienische Frau mit ihren Makkaroni, ihrem »special«, wie sie das nannte, wußte, sie würden sich erst beklagen, wenn sie aufgegessen hatten, und sie sorgte dafür, daß sie zu dieser Zeit weit weg war.

Wie die meisten Fahrradfahrer fuhr er die Hinterstraße entlang zur Hauptstraße. Als er an einem offenen Tor vorbeifuhr, erkannte er die beiden Kinder unter einem Pfefferbaum. Er stieg ab und fragte: Wo ist das Mädchen?

Da kam Kaaitjie hinter dem Baumstamm hervor und sagte lachend: Das bin sicher ich, Herr.

Er stand da und hielt sein Fahrrad fest, während sie zu ihm kam. Womit kann ich dem Herrn helfen? fragte sie.

Er sagte leise zu sich selbst: Sie ist es! Dasselbe Mädchen in dem Kleid mit derselben Farbe. Aber jetzt konnte er sehen, daß das Kleid ihr nicht paßte. Es mußte ein gebrauchtes sein. Er streckte die Hand aus und sagte: Mein Name ist Kenny.

Sie lachte, und als er fragte: Und deiner? sagte sie: Kaaitjie.

Er dachte bei sich selbst: Du bist nur meine Kaaitjie, ob das Kleid nun zu groß ist oder nicht. Dann fragte er sie, wo sie an dem Sonntag nach ihrer ersten Begegnung gewesen war, und sie erzählte, daß das ihr monatlicher freier Sonntag gewesen war, an dem sie immer ihren Lohn bekam, und den brachte sie zu ihrer Mama nach Vatmaar.

Ich gebe gewöhnlich nur fünf Schilling für Lebensmittel aus, denn wenn ich zuviel kaufe, wird es zu schwer, um es nach Vatmaar zu tragen, sagte sie.

Und was machst du mit den übrigen fünf Schilling, Kaaitjie?

Die gebe ich meiner Mama, Herr.

Stell dir das vor, dachte er. Noch so kindlich oder einfach, wie wir das in Graaff-Reinet nennen, und in ihrer Armut ist ihr Lächeln so unschuldig und ehrlich. Dann bekommst du zehn Schilling im Monat? sagte er.

Ja, Herr, meine Mama sagt, wir sollten dankbar sein für das bißchen, denn wenn das große Geld eines Tages kommt, wüßten wir es zu schätzen.

Ich will dich gerne besuchen kommen. Ich verspreche dir, Kaaitjie, daß ich mich benehmen werde.

Ich muß erst meine Missis fragen, sagte sie. Aber bei sich selber dachte sie, es sei schon in Ordnung, denn sie hatte die Missis einmal sagen hören: Ich hoffe, sie bekommt schnell einen Freier, damit er (sie meinte ihren Mann) die Augen von ihr nimmt. Sie, Kaaitjie, hatte nicht darüber gelacht, und mit Tränen, die in ihren Augen brannten, fragte sie sich: Was denken sie denn von mir?

Ich werde mich auch benehmen, Herr, antwortete sie.

Gerade da kam Frau Bosman zur Küchentür heraus und schrie: Bring die Kinder, und wasch sie!

Frag sie gleich jetzt! sagte Kenneth.

Es war für ihn wie eine Ewigkeit, bevor sie zur Hintertür herauskam, die Hände in die Luft warf und rief: Ja! Dann ging sie wieder hinein.

Nach noch einer Ewigkeit kam sie wieder heraus. Er sagte zu sich selbst, sogar die Art ihres Ganges und der Schwung ihres Körpers sind so natürlich wie die einer jungen Löwin.

Sie standen da und redeten miteinander, sie mit der einen Hand auf dem Lenker seines Fahrrads, während sie lachte und ihm gerade in die Augen schaute. Sie hatte ihn noch immer Herr genannt und auf seine Schuhe und Kleider geschaut und vom Fahrrad des Herrn gesprochen.

Er fragte, ob sie ein Stückchen auf seinem Fahrrad mitfahren wollte.

Bitte, Herr.

Da hörte er: Komm und hol dein Essen!

Sie ließ ihn stehen, und er sah, wie sie einen Blechteller und einen Becher von der Küchenfensterbank nahm, in die Küche hineinging und herauskam mit dem Teller voll Essen und einem Becher Kaffee. Sie stellte beides in ein kleines Seitenzimmerchen – nachdem sie erst das Hängeschloß hatte aufschließen müssen. Sie kam heraus, drückte das Schloß wieder hinter sich zu und kam zu ihm gerannt. Er konnte sehen, sie rannte, um ihre Verlegenheit zu verbergen.

Sie legte ihre Hand auf seine Hand auf dem Lenker, schaute ihm ins Gesicht, legte den Kopf zur Seite, lächelte und sagte: Ade, Herr Kenny. Dann ging sie weg.

Er rief hinter ihr her: Kaaitjie, Kaaitjie, nimm das hier – und hielt ihr ein Päckchen Bonbons hin. Sie schaute sich um, lächelte und schüttelte den Kopf.

Nachdem sie die Tür zugemacht hatte, stand er noch eine lange Zeit dort und wartete. Alter Junge, es ist besser, wenn du gehst, sagte er später zu sich selbst.

So hatte er also dieses Mädchen, das er seinen Liebling nannte, kennengelernt. Er lächelte mit einem Seufzer.

Andrew Henry Martin Scholtz
Onkel Flip erzählt von seinem Transportunternehmen

Onkel Flip erzählte, daß seine Leute in Basutoland gewohnt hatten, einem Land, das er als kleiner Junge verlassen hatte.

Ein Fuhrunternehmer sei an ihrem Kral vorbeigekommen. Als niemand zuschaute, sei er aufgesprungen, um zu fühlen, wie es sich auf einem Wagen fährt. Er hätte nie daran gedacht, daß, wenn er wegführe, er nie wieder zurückkommen würde.

Ich genoß meine erste Fahrt auf dem Wagen und bin schnell fest eingeschlafen. Kurz vor Sonnenuntergang wurde ich vom Hintermann geweckt. Er rief einen Mann mit einem Bart und sprach mit ihm in einer Sprache, die ich damals noch nicht kannte. Sie waren froh, mich dazuhaben, weil ich, wie sie sagten, freiwillig gekommen sei. Der Hintermann fragte mich auf Basuto nach meinem Namen, und ich sagte: Pelo.

Baas, er sagt, er heiße Pelo, sagte der Hintermann.

Der Mann mit dem Bart schaute mich an. Nein, er heißt Filippus, sein Name muß aus der Bibel kommen, sagte er dann. Das ist, was der Hintermann mir hinterher auf Basuto erzählt hat, aber der Baas hat mich fast nie so genannt.

Der Baas schaute morgens früh und abends vor Dunkelheit in ein dickes, steifes, schwarzes Buch. Sonntags spannten wir aus und ruhten. Beim Ausspannplatz gab es immer andere Leute, und der Baas sprach mit ihnen, und ich konnte sehen, sie sprachen über Sachen in diesem schwarzen Buch, das sie eine Bibel nannten. Lange danach fragte ich den Hintermann, was diese Bibel sei. Er sagte es mir, aber ich verstand es nicht. Zu dieser Zeit nannte ich den Hintermann genauso, wie der Baas ihn nannte – Neels –, aber er sagte, er sei Onkel Neels. Es gab noch einen Mann, Saulus, den Ochsenführer. Aber der Baas nannte ihn Paulus, weil er sagte, die Namen in der Bibel wären auch so verändert worden. Onkel Neels erklärte mir das auch.

An jenem ersten Abend, entfernt von meinem Ra und meiner Mme*, aß ich meinen ersten Rostkuchen. Wir hatten eine Fracht Mehl, die in den Freistaat mußte, wie sie sagten. Die Männer bohrten mit dem Zeigefinger ein Loch in jeden Sack und holten jedesmal eine Tasse Mehl heraus, bis es genug in der Schüssel gab. Sie lachten, wenn sie das taten. Ich wußte nicht, warum, und lachte einfach mit. Das gefiel ihnen.

In jener ersten Nacht heulte ich und heulte, denn es war kalt unter dem Wagen. Ich hatte nur meinen Lendenschurz an. Sie schrien: Sei still, Kafferchen. Sei still, Kafferchen! Ich wußte nicht, was Kafferchen bedeutet. Später hörten sie mein Zittern und Weinen, denn ich konnte meine Zähne nicht stillhalten. Gegen Tagesanbruch holte Onkel Neels einen Maltersack unter sich hervor und warf ihn mir zu.

Je weiter wir fuhren, desto mehr sehnte ich mich nach meinem Vater und meiner Mutter und meiner Schwester Roba und träumte von ihnen. Das einzige, was meine Gedanken von meinem Zuhause ablenkte, waren Schlaf und Arbeit, und Onkel Neels sorgte dafür, daß ich genug von beidem bekam. Und dann die komischen Worte, die ich lernen mußte.

Die ersten Worte, die ich gelernt habe, waren: Wasch das Geschirr. Danach brachten sie mir bei: Mach Kaffee. Ich stahl gern Zucker. Ich bekam gewöhnlich die Essensreste. Ich wollte die ganze Zeit meinen Ra und meine Mme haben, aber wenigstens war mein Bauch nie leer.

Ich war zu jener Zeit noch sehr jung, eigentlich nur ein Küken. Meine erste Lehre im Leben war, daß Schlaf die Sehnsucht nach Vater und Mutter wegnehmen kann. In jenem ganzen Winter wurde ich regelmäßig nachts wach und heulte, bis ich wieder einschlief. In den meisten Nächten konnte ich meinen Ra, meine Mme und meine Schwester Roba nicht in meine Träume hineinkriegen. Onkel Neels schlief durch alles hindurch, bis der Tag anbrach.

Ein Ausspannplatz war in der Nähe eines Staudamms. Der Wind wehte über das Wasser, und es war sehr kalt. Onkel Neels, derjenige, der mir zu sagen hatte, was ich tun mußte, weil er die

* Ra = Vater, Mme = Mutter

Sprache meines Ra sprach, sagte mir später, ich sollte hinter seinen Rücken kriechen. Am nächsten Morgen sagte er mir, ich sei sein Mosimane*. Da fühlte ich mich nicht mehr so allein.

Es gab immer etwas zu waschen und Wasserkannen, die gefüllt werden mußten. Sie sahen zu, daß ich etwas zu tun hatte, wenn wir ausspannten. Sie wußten, ich würde nicht so dumm sein, den Weg zurück nach Hause allein anzupacken. Der Baas sagte: Das Kafferchen wird hierbleiben, denn es ist freiwillig gekommen.

Ich konnte es kaum erwarten, bis wieder eingespannt wurde, denn dann konnte ich auf den Wagen springen und in den Maltersack kriechen und den Schlaf nachholen, den ich in der Nacht verloren hatte.

Eines Tages spannten wir aus in der Nähe des Ortes, wo das Mehl abgeladen werden sollte. Gerade als es anfing, hell zu werden, sahen wir Springböcke in der Nähe des Wagens weiden. Saulus, der Ochsenführer, kroch zum Baas, denn wir mußten vorne unter den kleinen Rädern schlafen. Der Baas schlief hinten unter den großen Rädern mit allerlei Zeug zwischen ihm und uns.

Onkel Paul zeigte dem Baas die Springböcke. Er stand auf mit dem Gewehr, das er in einem Sack bei sich trug. Und Bumm! Bumm! da lagen zwei Springböcke. Ich sah das alles, denn es war jetzt meine neue Aufgabe, vor allem anderen morgens erst Feuerholz zu sammeln. Es war dann noch kalt, aber Onkel Neels hatte mir ein dickgeflicktes Hemd gegeben, das mich bis zu den Füßen bedeckte. Niemand wird verstehen, wie dankbar und stolz ich auf dieses Hemd war, sagte Onkel Flip, es war mein erster Besitz auf dieser Welt.

Der Baas sagte: Holt die Böcke und häutet sie. Ich werde die Martini säubern. Danach nannte ich alles Schießzeug Martinis.

Ich habe noch nie soviel Fleisch gegessen wie an jenem Morgen, und es war das erstemal, daß ich Leber aß, denn bei uns zu Hause war Leber ein Gericht für die Erwachsenen.

Es gab immer etwas, das meine Gedanken beschäftigte, immer etwas Neues zu lernen. Zuerst konnte ich nicht verstehen, warum die kleinen Räder vorne am Wagen blieben und warum

* Mosimane = Sohn

die großen Räder sie nicht überholten. Oder warum die Martini so einen Krach machte. Oder warum so viele Weiße den Namen Baas hatten.

Einmal rief der Baas mich. Er nannte mich Filippus. Ich habe ihn nicht gehört, denn bis zu jenem Tage hat er immer Kafferchen geschrien. Plötzlich stand er auf, und es war das erstemal in meinem Leben, daß ich einen erwachsenen Mann zornig gesehen habe. Ich schaute ihn an und sprang weg und lief um den Wagen, denn ich hatte Angst. Er stand von seinem faltbaren Riemenhocker auf, nahm ein Stück Feuerholz, fing mich ein und hob mein Hemd hinten hoch. Er gab mir eine Tracht Prügel, an die ich mich heute noch erinnere und die ich nie vergessen werde. Das war meine erste Tracht Prügel, sagte Onkel Flip.

Wir kamen schließlich bei einem großen Wellblechhaus an mit einem Dach vorne auf Pfeilern. Wir luden die Mehlsäcke ab. Dann luden wir alle getrockneten, gespreizten Felle, die draufpaßten, auf und befestigten sie mit Riemen. Dann mußten wir auch noch Platz machen für ein paar Holzkisten, die wir sehr langsam absetzen mußten, weil etwas darin war, was zerbrechen konnte.

Der Baas nannte das Haus den Judenladen. Er sagte zu Onkel Neels und Onkel Paul: Ich nehme jetzt ein Bad. Bringt die Ochsen nach vorne. Dann kommt ihr beiden hierher und holt euer Geld, der Kaffer des Juden wird auf den Wagen aufpassen. Und, Neels, sage ihm, er soll die Augen aufhalten und auf den Kaffer des Juden aufpassen – und er wies auf mich.

Ich habe das natürlich gemacht, denn ich wollte nicht wieder eine Tracht Prügel beziehen.

Beim nächsten Ausspannplatz sagte der Baas zu Onkel Neels: Bring mir eine der Kisten.

Er saß auf seinem Riemenhocker.

Und du, Paul, bring mir den Klauenhammer, fügte er hinzu.

Dann öffnete er die Kiste sehr vorsichtig und holte eine Flasche mit gelbem Wasser heraus. Onkel Neels erzählte mir später, daß das Branntwein genannt wurde. Der Baas zog den Korken sehr vorsichtig heraus. Ich konnte nicht verstehen, warum er so vorsichtig war. Als er den Korken heraus hatte, lachte er und sagte: Bringt eure Becher, Diebe zuerst.

Wir tranken die Hälfte der Flasche aus und legten den Rest zurück in die Kiste für den folgenden Ausspann.

Beim nächsten Ausspannplatz war einer der Freunde des Baas da. Er holte die halbvolle Flasche heraus, gab aber Onkel Neels und Onkel Paul nichts, und sie brummten die ganze Nacht. Als die Flasche leer und sein Freund schon weg war, nahm der Baas den Hammer und zerschlug die Flasche. Die Scherben legte er zurück in die Holzkiste und nagelte sie wieder zu.

Ich habe erst viele Jahre später begriffen, daß sie das Mehl und den Branntwein gestohlen haben, sagte Onkel Flip.

Der Jude nannte den Baas Mister Swartz. Jetzt seht ihr, wo ich meinen Namen herbekommen habe. Ich bin durch und durch Filippus Swartz.

Onkel Flip hatte einen Hängebauch. Er war kleiner als die anderen, aber nicht sehr, mit einem runden Hintern, der sich bewegte, wenn er ging. Er hatte eine Glatze genau hinten auf dem Kopf. Die Erwachsenen nannten das einen Wegrenntreffer. Sie sagten, er sei während eines Streits weggerannt, und dann wurde er von hinten von einem Stein getroffen, und der habe dieses Zeichen gemacht. Er hatte ein rundes Gesicht, immer sauber rasiert mit seinem, wie er sagte, eigenen deutschen Rasiermesser. Einer seiner Vorderzähne fehlte, und wenn er lachte, konnte man die Lücke zwischen seinen Zähnen sehen.

Onkel Flip war unser einziges Verkehrsmittel zwischen Vatmaar und Du Toitspan. Seine Karre war immer beladen, ob er nun losfuhr oder zurückkam. Er verlangte nie direkt von einem Passagier oder für eine Fracht Geld, wies nur auf sein Lizenzschild, das er mit zwei Nägeln an der Seite seines Kutschbocks festgenagelt hatte, und sagte: Ihr seht, meine Fuhrlizenz kostet zwei Schilling im Jahr. Ich muß sie rechtzeitig bezahlen. Ich kann nicht im Büro in Du Toitspan mit leeren Händen stehen, wie ihr das mit mir macht.

Er sagte das gewöhnlich, wenn die Leute schon auf der Karre saßen. Und bevor er losfuhr, sagte er dann: Das ist Ou Swaai gegenüber nicht gerecht. Sie schaut sich die ganze Zeit um, ob ich nicht überladen bin.

Onkel Flip sagte immer, er habe Ou Swaai, seine Stute mit

dem einen Auge, gekauft, weil niemand sie haben wollte, und sie wüßte das. Niemand hat Onkel Flip je ein hartes Wort zu Ou Swaai sagen hören, und er hatte auch nie eine Peitsche bei sich gehabt. Sie gehört zur Familie, meine älteste Tochter, sagte er, wenn er nichts anderes zu sagen hatte.

Ou Swaai drehte gewöhnlich den Kopf, bevor sie loszog. Die Leute sagten, sie müßte den Kopf drehen, denn nur so könnte sie mit dem einen Auge die andere Seite sehen.

Onkel Flip erzählte, er habe nie während seiner Fuhrzeit oder bei den Schürfereien Geld von seinem Baas, Herrn Swartz, bekommen. Nur manchmal gab er ihm ein paar Pennys und sagte: Das ist dein Taschengeld, du bist mein freiwilliger Kaffer.

Er fing schon an zum Vollbart zu werden und Gefühle für eine Frau zu entwickeln, als Herr Swartz alles verkaufte, was er besaß, erzählte Onkel Flip. Das übrige Zeug lud er auf den Wagen zusammen mit seiner Frau, der Ounooi, und seinen beiden Töchtern Grieta und Mollie. Damals gingen Onkel Neels und Onkel Paul auch weg. Sie zogen zu ihren Frauen auf die Farm von Baas Delport in der Nähe von Klerksdorp. Die beiden neuen Arbeiter waren sehr faul und taten, als ob er, Filippus, nicht dicht im Kopf sei. Um den Frieden zu bewahren, verrichtete Onkel Flip dann einfach die meiste Arbeit.

Der Oubaas, wie er zu der Zeit genannt wurde, sagte, er zöge zu den Schürfereien in der Nähe von Lichtenburg.

Als wir in Bakerville ankamen, mußten wir eine Hütte für die Weißen bauen. Filippus Swartz mußte unter dem Wagen schlafen, erzählte Onkel Flip. Es war meine Aufgabe, Wasser mit dem Kippkarren heranzufahren und für sechs Pennys pro vier Gallonen in einem Paraffinbehälter an die Schürfer zu verkaufen. Zu dieser Zeit lernte ich ein sehr nettes Mädchen kennen. Ich werde euch später sagen, wie sie hieß.

Toyin Adewale
Nigeria

Die literarische Landschaft Nigerias ist differenziert wie in kaum einem anderen Land Afrikas. Wer sich hier durchsetzen will, wer Beachtung auch über die Landesgrenzen hinaus finden will, braucht nicht nur Talent, sondern auch Durchsetzungswillen. Toyin Adewale (* 1969 in Ibadan) lebt seit ihrer Kindheit in Lagos und hat nach ihrem Studium in der PR- und Werbebranche gearbeitet. Auch als Kritikerin ist die Mitbegründerin der Women Writers of Nigeria hervorgetreten. Zeitweilig war sie stellvertretende Generalsekretärin der Association of Nigerian Authors (ANA). In ihren Geschichten thematisiert die Autorin Alltagsprobleme und das erwachende Selbstbewußtsein von Frauen in einer patriarchalischen Gesellschaft und bedient sich dabei nicht zuletzt phantastischer Elemente wie in »Obinna, der Geier«. Auch Umweltprobleme und die Verfolgung von Oppositionellen und Menschenrechtlern kommen zur Sprache.

1997 erhielt Toyin Adewale als erste afrikanische Autorin ein Stipendium an der Akademie Schloß Solitude in Stuttgart.

Flackernde Kerzen. Frauengeschichten aus Nigeria. Aus dem Englischen von Anita Jörges-Djafari. Schmetterling: Stuttgart 1999.
Die Aromaforscherin. Gedichte und Short stories. Aus dem Englischen von Bettina Obrecht. Edition Solitude: Stuttgart 1998.

Breaking the Silence. An Anthology of Short Stories (Hg.). The Women Writers of Nigeria: Lagos 1996.
Naked Testimonies. Gedichte. Mace Associates: Lagos 1995.

Toyin Adewale
Bittere Schokolade

Einsam ist es an diesem Ende der Welt. Der Staub auf dem Boden hält still. Er ist gefügig. Die Sandkörner liegen erschöpft am Boden. Kein Wind wirbelt sie auf. Du ritzt deine Tage in den Sand. Ich bin jetzt seit acht Monaten hier, sagst du zu dir selbst. Zweihundertachtunddreißig Linien starren dich an aus dem Staub. Eine Linie für jeden Tag.

Du kratzt dich am Oberschenkel, versuchst, den unerreichbaren Juckreiz zu erreichen. Wenn du eine Schere hättest, würdest du tief in das Fleisch vordringen bis zu dem Juckreiz. Du würdest ihn auf den Schnellstraßen deines Blutkreislaufs verfolgen und herausholen, aber du hast keine Schere. Es gibt gar nichts Scharfes hier. Sie haben dir alles weggenommen. Deine Gefängniswärter. Du kratzt und kratzt, öffnest deine Schenkel, beugst sie zu zwei gegenüberliegenden Vs. Deine Haut schält sich in deiner Hand. Deine früher-einmal-hübsche-ebenholz-glatte, wie-von-Künstlerhand-polierte Haut. Deine glänzende Haut, so strahlend, daß sie einem Mann ins Auge stach und er keine andere Frau mehr sah als dich. Und er dich heiraten mußte, um sein Sehvermögen wiederzugewinnen.

Hautausschläge eitern an deinem ganzen Körper. Wo die Wanzen und Kakerlaken in der Nacht aufgehört haben, machen die Bazillen tagsüber weiter. Sie haben dir keine Seife zum Waschen gegeben, seitdem das letzte Stück, das dein Mann gekauft hat, aufgebraucht ist. Du hast den Arzt gebeten, dir eine bestimmte Salbe zu besorgen, die die Ausschläge heilt. Er sagte, ich kann es nicht versprechen. Ich werde im Bestand nachsehen, was wir haben, und falls eine vorhanden ist, werde ich dafür sorgen, daß Sie sie bekommen. Und wenn keine da ist, wird deine Haut dann im Staub zugrunde gehen? Er kann dir nicht in die Augen sehen und antwortet nicht. Er schlurft aus dem Zimmer.

Der unerreichbare Juckreiz, du bleibst dran. Deine Fingernägel sind schon alle abgebrochen, aber zumindest hilft es, die

Stille zu vertreiben. Diese Ewigkeit der Zeit willst du nicht. Und es wurde Abend, und es wurde Morgen, es war der vierte Tag. Und es wurde Abend, und es wurde Morgen, es war der sechste Monat. Und die Zeit vergeht, raubt dir den Atem, verzweifelt ritzt du deine Tage in den Staub.

Du kratzt immer noch deine Schenkel. Deine weiblichen Ausdünstungen dringen in deine Nase. Deine Unterhose, die du drei Tage nicht gewaschen hast, riecht nach getrockneter Pisse und all deinen Säften. Du bist mitten in deinem Zyklus. Dein milchigweißer Schleim wird zu einer kristallklaren elastischen Flüssigkeit. Sie läßt sich endlos dehnen. Du könntest sie fast von einem Ende des Raumes zum anderen ziehen. Zu einer anderen Zeit, an einem anderen Ort würdest du jetzt deinen Mann umarmen, ihn tief in dir aufnehmen, ihn mit deinen Muskeln einer Frau festhalten, und er würde seufzen und kommen, ein bißchen schreien, sich in dir ergießen, dich anschauen mit liebenden Augen.

Diese vier mal vier große Sackgasse mit einer halbtoten Glühbirne und einem Fenster, das einen winzigen Lichtstrahl hereinwirft. Ein Fenster in einer Höhe, an die du nie heranreichst, ein bewaffnetes Fenster, Eisengitter mit Nagelzähnen. Ein Nachttopf steht in der Ecke. Und neben deinem Feldbett ein kleines Bücherregal. Die Bücher halten deinen Geist wach, aber sie stillen nicht deinen Hunger. Nicht deinen Durst nach Neuigkeiten. Das ist dein größter Schmerz. Diese Hungerkur bei den Nachrichten. Nachrichten, die um die ganze Welt gehen. Blitzlichtgewitter, CNN schüttet sie aus, aber die Nachrichten werden ausgeschüttet ohne dich. Studentenunruhen in Indonesien. Hunderte von Toten. Energiekrise legt Lagos lahm. Führer betrügen Anhänger, lassen sie hinrichten. Speichellecker importieren Reis für Könige, die niemals ihren Thron verlassen würden, nicht einmal für die Söhne ihrer Söhne, aber du bekommst nichts davon mit.

Einmal im Monat erlauben sie deinem Mann, mit dir für eine halbe Stunde durch die Eisengitter zu sprechen. Er zeigt dir neue Fotos von deiner Tochter und ihre gekritzelten Wachsmalstift-Grüße: »Ich liebe dich, Mami, wann kommst du nach Hause?« Du sagst zu ihm: »Was gibt es Neues?« Er erzählt dir: »Die Höflinge haben gesagt, daß der König bleiben muß. Der königliche Schuhmacher sagt, daß seine Ausrüstung extra in Italien für den König angefertigt wurde. Kein Nachfolger kann seine Schuhe tragen. Der königliche Koch sagt, daß seine Rezepte allein zum Pläsier des Königs erfunden wurden. Jeden Tag halten die Lobsinger Konzerte im königlichen Hof ab und preisen ihn mit Gesängen, worin es heißt, daß er der einzige Herr ist, der dieses Land regieren kann. Seine Sklaven haben mit Massenselbstmord gedroht, wenn er den Thron verläßt. Tagein, tagaus kündigen die königlichen Trommeln den Besuch hungriger Delegationen an, die durch die Wüste gekommen sind und die Meere überquert haben, nur um den König zu bitten, den Thron nicht zu verlassen.«

Du wirst immer wütender und erklärst: »Aber das Gesetz des Landes sagt, daß der König nach vier Jahren Regierungszeit abtreten muß!« Dein Mann antwortet dir: »Es gibt kein Gesetz in diesem Land. Ein königliches Dekret wurde erlassen, welches besagt, daß der König für alle Ewigkeit regieren kann, wenn das Volk es wünscht. Und Delegationen von Häuptlingen aus dem ganzen Land fallen dem König zu Füßen und flehen ihn an – im Namen des Volkes –, er möge doch bitte bleiben ...« Du fragst deinen Mann: »Und der König, was sagt er?« »Er gibt ihnen ein paar Säcke Reis und ein paar Stück Seife und sagt nichts.« »Nichts?« »Ja«, erwidert dein Mann. »Er sagt nichts ...«

Ein Gefängniswärter kommt herein und tippt deinem Mann auf die Schulter. »Zeit ist um«, blafft er. Dein Mann gibt ihm eine Plastiktüte, in der vier Stücke medizinischer Seife sind, drei Päckchen Fruchtsaft, ein paar Kekse, eine Flasche Körperlotion, ein kleines Päckchen Butter, zwei Päckchen Zucker, zwei Dosen Ovomaltine und etwas Geld. Du weißt, daß du nur die Hälfte davon bekommen wirst, der Gefängniswärter wird die andere Hälfte stehlen und die Beute seiner Familie mitbringen.

Dein Mann erhebt sich von dem Stuhl, auf dem er gesessen hat, und geht rückwärts hinaus, behält dich in seinem noch-immer-liebenden Blick und wirft dir Handküsse zu, während er allmählich aus deinen Augen verschwindet. Die Frage deiner Tochter steht bedrohlich vor dir: »Mami, wann kommst du nach Hause?« »Ich weiß nicht, mein Schatz, ich weiß nicht ...«

Deine Wut will die Kinder des Aufsehers verwünschen, du weißt, sie sind da draußen unter dem Baum und spielen mit ihrer eigenen Mutter, während deine Tochter es sich vor dem Fernseher gemütlich macht und sich mit Zeichentrickfilmen tröstet, bis ihr Papi zurückkommt. Du stößt Flüche aus. Energisch entweichen sie deinem Mund, bilden einen Kreis, nähern sich dem Gefängniswärter: Sollen seine Kinder doch zu Waisen werden, der Ostwind soll seine Ernte verderben, er soll hundertfach säen und nichts als Leere einbringen. Der Kreis beginnt, sich um ihn zu schließen. Dichter. Immer dichter. Aber du nimmst alles zurück, durchbrichst den Kreis der Fläche und verbrennst sie in einem Feuer. Warum seine Kinder zu Waisen verwünschen, wenn die Wächter der Nation bereits das Leben der Menschen für Säcke mit Reis und Seifenstücke mit Hypotheken belegt haben? Warum das blutige Land mit noch mehr Blut tränken?

Als der Wärter die Tür des kleinen Raums öffnet, um dich zurück in deine Zelle zu bringen, weißt du, daß die Plastiktüte bereits leichter ist. Er hat dein Eigentum im Bruchteil einer Sekunde gestohlen. Er gibt dir die Tüte. Seine Hand verharrt auf deiner Hand, sein Daumen streichelt deine Handfläche. Du fauchst ihn an und beeilst dich, in deine Zelle zu kommen. Die Tür schlägt zu. Du sitzt auf deinem Feldbett und reißt mit den Zähnen eine Packung Kekse und einen Karton Fruchtsaft auf. Du lachst leise in dich hinein, während du anfängst zu kauen. Wie überflüssig können doch Messer, Löffel, Teller und Tassen sein, wenn eine Frau noch zweiunddreißig scharfe Zähne in ihrem Mund hat.

Zwischen dem vierten und fünften Schokoladenkeks hat dein Mann eine Notiz eingeschmuggelt. Du öffnest sie und liest: »Ich liebe dich sehr. Ich wünschte, ich könnte dich jetzt in meine Arme nehmen. Nachts ist es wirklich hart für mich …« Angst ergreift vollständig Besitz von dir, dein Herz krampft sich zusammen. Was will er dir damit sagen? Du versuchst, seine Worte zu deuten, denn du kennst die Macht der Worte. Mit Worten verdienst du dein Geld. Es waren deine Worte, die dich ins Gefängnis gebracht haben. Deine schreiende Titelgeschichte, die dazu führte, daß dein wöchentliches Nachrichtenmagazin an einem

Tag ausverkauft war: Der König bricht sein Versprechen. Er geht nicht am 12. Juni!

Du hattest Gerüchte gehört von einer Kampagne, die der König inszeniert hatte, um seine Macht bis in alle Ewigkeit zu sichern. Die Nachrichten verfolgten dich, du gingst den Berichten nach, bist durchs Land gereist, hast zuverlässige Quellen aufgespürt und Palastgehilfen befragt, die bereit waren, anonyme Aussagen zu machen. Und dann hast du die Geschichte in eine Prosa verwandelt, die den Pulitzerpreis verdient hätte. Die Nachricht verstreute sich in alle Winde. Die Winde trugen sie davon, in die Zentren bis an die Grenzen des Landes – wie motorisierte Vorreiter. Die Leute waren verwirrt. Der König, den sie als Patrioten und aufrichtigen Gönner seines Volkes verehrten, hatte es ihnen in einem gefühlsseligen Moment versprochen: »Ich brauche keine Unruhen, die mich zum Aufhören zwingen. Ich werde am 12. Juni abtreten und die Macht an eine demokratisch gewählte Regierung übergeben.«

Deine sorgfältig recherchierte Story hatte das Staatsgeheimnis gelüftet, und seine Schergen hatten dich geholt. Sie zerrten dich vor ein Gericht, das noch in der Nacht eilig einberufen wurde. Der schlaftrunkene Richter mit Perücke und Pantoffeln döste während der Verhandlung andauernd ein. Er wachte rechtzeitig auf, um dich zu fünfundzwanzig Jahren Gefängnis zu verurteilen wegen Anstiftung zu einer Revolte gegen den König …

Und nach acht Monaten von fünfundzwanzig Jahren kaust du an den Worten deines Mannes: »Nachts ist es für mich wirklich hart.« Und an denen deiner Tochter: »Mami, wann kommst du nach Hause?« Die bitteren Worte knirschen in den Schokoladenkeksen unter deinen Backenzähnen. Bittere Schokolade. Was sagt dein Mann dir da? Mit wem schläft er jetzt? Wird sein liebender Blick all die Jahre der Trennung anhalten? Wird deine Tochter eine andere Mami lieben? Du kaust deine Kekse. Du schluckst den Fruchtsaft aus dem Karton herunter. Du hältst fest an der Gegenwart. Wer weiß? Vielleicht führen sie dich heute hinaus in die allerletzte Nacht – um drei Uhr nachmittags.

Aus Toyin Adewale: *Flackernde Kerzen.* Frauengeschichten aus Nigeria. Aus dem Englischen von Anita Jörges-Djafari. © 1999 Schmetterling Verlag, Stuttgart.

J. M. Coetzee
Südafrika

Foto: Jerry Bauer

Coetzees neuer Roman ist nicht der »Wenderoman«, den viele aus dem Südafrika nach der Apartheid jetzt erwarten. Statt dessen liefert uns Coetzee in »Der Junge« ein sensibles und gleichzeitig distanziertes Selbstportrait. Der Autor erinnert sich an Kindheitstage in Kapstadt und im verschlafenen Nest Worcester, an geistige Enge und jugendliche Verstrickungen, und blickt gleichzeitig auf die neuere Geschichte Südafrikas. Coetzees Romane kennzeichnen die Abkehr von den Romantraditionen des südafrikanischen Realismus und die Hinwendung zu »modernen« Schreibweisen, die eine nur oberflächliche sozialkritische Abbildung von Wirklichkeit und politische Polemik vermeiden. Schon in seinem ersten Roman »Dusklands« entlarvt Coetzee Machtstreben als Versuch, eine »innere« Leere zu übertünchen, die selbstzerstörerisch zum »Untergang des Abendlandes« führen wird. In »Leben und Zeit des Michael K.« erforscht er, wie in aus den Fugen geratenen Zeiten gewalttätiger sozialer Umbrüche der einzelne sich behaupten und Menschlichkeit bewahren kann. Die Dekonstruktion von gängigen »weißen« Mythen von der Bedrohung der westlichen Zivilisation durch »Barbaren« thematisiert er in »Warten auf die Barbaren«.

J. M. Coetzee (* 1940 in Kapstadt) ist Hochschullehrer, Kritiker, Essayist, Herausgeber und Übersetzer. Für seine Romane hat er wichtige Literaturpreise erhalten.

Der Junge. Eine afrikanische Kindheit (Boyhood. Scenes from Provincial Life, 1997). Aus dem Englischen von Reinhild Böhnke. Fischer: Frankfurt am Main 1998.
Eiserne Zeit (Age of Iron, 1991). Roman. Aus dem Englischen von Wulf Teichmann. Fischer: Frankfurt am Main 1995.
Der Meister von Petersburg (The Master of Petersburg, 1995). Roman. Aus dem Englischen von Wolfgang Krege. Fischer: Frankfurt am Main 1996.
Im Herzen des Landes (In the Heart of the Country, 1977). Roman. Aus dem Englischen von Wulf Teichmann. Hanser: München 1987. Fischer: Frankfurt am Main 1997.
Leben und Zeit des Michael K. (Life and Times of Michael K., 1983). Roman. Aus dem Englischen von Wulf Teichmann. Hanser: München 1986. Fischer: Frankfurt 1997.
Mr. Cruso, Mrs. Barton und Mr. Foe (Foe, 1986). Roman. Aus dem Englischen von Wulf Teichmann. Hanser: München 1990.
Warten auf die Barbaren (Waiting for the Barbarians, 1980). Roman. Aus dem Englischen von Brigitte Weidmann. Henssel: Berlin 1984. Deutscher Taschenbuch Verlag: München 1987. Fischer: Frankfurt am Main 2000.
Dusklands. Roman. Ravan Press: Johannesburg 1974.

J. M. Coetzee
Mutters Traum

Obwohl er jeden Samstagnachmittag ins Kino geht, fesseln ihn die Filme nicht mehr so wie damals in Kapstadt, wo ihn Alpträume verfolgten, in denen er unter Fahrstühlen zerquetscht wurde oder von Felsen stürzte, wie die Serienhelden. Er weiß nicht, warum Errol Flynn, der immer gleich aussieht, ob er nun Robin Hood oder Ali Baba spielt, ein großer Schauspieler sein soll. Er hat Verfolgungsjagden zu Pferde satt, die immer das gleiche sind. Die Drei Stooges wirken allmählich einfältig. Und es ist schwer, an Tarzan zu glauben, wenn Tarzan immer von einem anderen gespielt wird. Der einzige Film, der Eindruck auf ihn macht, ist der, in dem Ingrid Bergman in einen Waggon einsteigt, der mit Pocken infiziert ist, und stirbt. Ingrid Bergman ist die Lieblingsschauspielerin seiner Mutter. Ist denn das Leben so – könnte seine Mutter jederzeit sterben, nur weil sie ein Schild in einem Fenster übersehen hat?

Dann gibt es noch das Radio. Für die Kinderstunde ist er zu groß, doch den Serien bleibt er treu: »Superman« jeden Tag um fünf (»Up! Up and Away!«), »Mandra, der Zauberer« um halb sechs. Seine Lieblingsgeschichte ist »Die Schneegans« von Paul Gallico, die der A-Sender auf allgemeinen Wunsch immer wieder ausstrahlt. Das ist die Geschichte einer Wildgans, die den Schiffen den Weg vom Strand von Dünkirchen zurück nach Dover zeigt. Er lauscht mit Tränen in den Augen. Eines Tages möchte er so treu sein wie die Schneegans. Sie bringen »Die Schatzinsel« in einer Hörspielfassung im Radio, jede Woche eine halbstündige Episode. Er hat sein eigenes Exemplar der »Schatzinsel«; aber er hat sie gelesen, als er noch zu klein war und die Sache mit dem Blinden und dem schwarzen Fleck nicht verstehen konnte, nicht herausfinden konnte, ob Long John Silver gut oder böse war. Jetzt hat er nach jeder Radiofolge Alpträume, die sich um Long John drehen – um die Krücke, mit der er Menschen umbringt, seine falsche, sentimentale Besorgtheit um Jim Hawkins. Er wünscht sich, Squire Trelawny würde Long John töten, anstatt ihn ziehen zu lassen – er ist gewiß, daß er eines Tages mit seinen halsabschneiderischen Meuterern zurückkommen wird, um Rache zu nehmen, so, wie es in seinen Träumen geschieht.

»Die Schweizer Familie Robinson« ist viel tröstlicher. Er hat eine hübsche Ausgabe des Buches mit farbigen Illustrationen. Besonders gefällt ihm das Bild von dem Schiff, wie es unter den Bäumen auf Stapel liegt. Das Schiff, gebaut mit Werkzeugen, die von der Familie aus dem Wrack geborgen wurden, soll sie mit allen ihren Tieren wieder nach Hause bringen, wie Noahs Arche. Es ist ein Vergnügen, als gleite man in ein warmes Bad, wenn man die Schatzinsel hinter sich läßt und die Welt der Schweizer Familie betritt. In der Schweizer Familie gibt es keine bösen Brüder, keine mörderischen Piraten; in ihrer Familie arbeiten alle vergnügt zusammen unter der Leitung eines klugen, starken Vaters (die Bilder zeigen ihn mit gewölbtem Brustkasten und langem kastanienbraunen Bart), der von Anfang an weiß, was zu tun ist, um sie zu retten. Er fragt sich nur, warum müssen sie, wenn sie es so gemütlich haben auf der Insel und glücklich sind, überhaupt weg von dort.

Er besitzt noch ein drittes Buch, »Scott von der Antarktis«. Captain Scott ist einer seiner unbestrittenen Helden – deshalb hat er das Buch geschenkt bekommen. Es enthält Fotos, darunter eins von Scott, wie er in dem Zelt sitzt und schreibt, in dem er später erfroren ist. Er schaut sich die Fotos oft an, aber mit dem Lesen kommt er nicht weit – das Buch ist langweilig, es erzählt keine Geschichte. Ihm gefällt nur das Stück über Titus Oates, den Mann mit den Erfrierungen, der in die Nacht hinausging, weil er seine Kameraden nicht aufhalten wollte. Er ging hinaus in Schnee und Eis und kam um, still, ohne Aufsehen. Er hofft, daß er eines Tages Titus Oates gleichen kann.

Einmal im Jahr kommt der Zirkus Boswell nach Worcester. Alle in seiner Klasse gehen hin; eine Woche lang ist nur vom Zirkus die Rede und von nichts sonst. Sogar die farbigen Kinder gehen hin, auf ihre Art – sie drücken sich stundenlang draußen vor dem Zelt herum, hören der Band zu, linsen durch Ritzen.

Sie nehmen sich vor, am Samstagnachmittag zu gehen, wenn der Vater Cricket spielt. Die Mutter macht es zu einem Ausflug für sie drei. Doch an der Kasse hört sie erschrocken von den hohen Samstagnachmittags-Preisen: zwei Pfund sechs Shilling für Kinder, fünf Pfund für Erwachsene. Sie hat nicht genug Geld dabei. Sie kauft Eintrittskarten für ihn und seinen Bruder. »Geht rein, ich warte hier«, sagt sie. Er mag nicht, doch sie besteht darauf.

Drinnen im Zelt ist er unglücklich, hat an nichts Spaß; er vermutet, daß es seinem Bruder auch so geht. Als sie nach Ende der Vorstellung herauskommen, ist sie noch da. Selbst Tage danach wird er den Gedanken daran nicht los: Wie die Mutter geduldig in der glühenden Dezemberhitze wartet, während er im Zirkuszelt sitzt und königlich unterhalten wird. Ihre blinde, überwältigende, aufopfernde Liebe für sie beide, ihn und seinen Bruder, doch für ihn besonders, beunruhigt ihn. Er wünschte, sie würde ihn nicht so lieben. Sie liebt ihn bedingungslos, daher muß er sie auch bedingungslos lieben – das ist die Logik, die sie ihm aufzwingt. Es wird ihm nie gelingen, all die Liebe, mit der sie ihn überschüttet, zurückzugeben. Der Gedanke an ein Leben, gebeugt unter der Schuldenlast von Liebe, irritiert ihn und macht ihn so wütend, daß er sie nicht küssen will, sich nicht von ihr anfassen läßt. Wenn sie sich schweigend und verletzt abwendet, verhärtet er ganz bewußt sein Herz gegen sie und weigert sich nachzugeben.

Manchmal, wenn sie verbittert ist, führt sie lange Selbstgespräche, vergleicht ihr Leben in der trostlosen Siedlung mit dem Leben, das sie vor ihrer Ehe geführt hat und das sie als ununterbrochene Folge von Partys und Picknicks schildert, von Wochenendbesuchen auf Farmen, von Tennis und Golf und Spaziergängen mit ihren Hunden. Sie spricht mit flüsternder Stimme, bei der nur die Zischlaute hervortreten; er und sein Bruder in ihren Zimmern spitzen die Ohren, und sie muß das wissen. Das ist noch ein Grund, warum der Vater sie eine Hexe nennt – weil sie Selbstgespräche führt und Beschwörungen ausstößt.

Das idyllische Leben in West-Viktoria wird durch Fotos aus den Alben bestätigt: seine Mutter, die mit anderen Frauen in langen weißen Kleidern mit Tennisschlägern an einem Ort herumsteht, der aussieht, als befände er sich mitten im Veld, seine Mutter mit dem Arm um den Hals eines Hundes, eines Schäferhundes.

»War das dein Hund?« fragt er.

»Das ist Kim. Er war der beste, treuste Hund, den ich je gehabt habe.«

»Was ist mit ihm geschehen?«

»Er hat vergiftetes Fleisch gefressen, das die Farmer für die Schakale ausgelegt hatten. Er starb in meinen Armen.«

In ihren Augen stehen Tränen.

Nachdem sein Vater in dem Album auftaucht, gibt es keine Hunde mehr. Dafür sieht er sie beide bei Picknicks mit Freunden jener Tage oder seinen Vater mit dem flotten Schnurrbärtchen und dem kecken Blick, wie er an der Motorhaube eines altmodischen schwarzen Autos lehnt. Dann kommen die Bilder von ihm selbst, Dutzende davon, angefangen mit dem Bild eines ausdruckslosen, pausbäckigen Babys, das von einer dunklen Frau mit eindringlichem Blick der Kamera entgegengestreckt wird.

Auf allen diesen Fotos, sogar auf denen mit dem Baby, wirkt seine Mutter mädchenhaft auf ihn. Ihr Alter ist ein Geheimnis, das ihn unaufhörlich fesselt. Sie will es ihm nicht verraten, sein Vater gibt vor, es nicht zu wissen, sogar ihre Geschwister scheinen Verschwiegenheit gelobt zu haben. Während ihrer Abwesenheit durchsucht er die Papiere im untersten Fach ihrer Frisierkommode und hält Ausschau nach einer Geburtsurkunde, doch ohne Erfolg. Durch eine Bemerkung, die ihr entschlüpft ist, weiß er, daß sie älter ist als der Vater, der 1912 geboren wurde; doch wieviel älter? Er legt 1910 als ihr Geburtsjahr fest. Das heißt, sie war dreißig, als er geboren wurde, und ist jetzt vierzig. »Du bist vierzig!« sagt er ihr eines Tages triumphierend und lauert auf Zeichen, daß er recht hat. Sie lächelt geheimnisvoll. »Ich bin achtundzwanzig«, sagt sie.

Sie haben am gleichen Tag Geburtstag. An ihrem Geburtstag wurde er geboren. Das bedeutet, wie sie ihm gesagt hat, wie sie jedem sagt, daß er ein Geschenk Gottes ist.

Er nennt sie nicht Mutter oder Mama, sondern Dinny. Auch der Vater und sein Bruder nennen sie so. Woher kommt dieser Name? Keiner scheint es zu wissen; aber ihre Geschwister nennen sie Vera, deshalb kann er nicht aus der Kindheit stammen. Er muß aufpassen, damit er sie nicht vor Fremden Dinny nennt, wie er sich auch hüten muß, seine Tante und seinen Onkel einfach nur Norman und Ellen zu nennen, statt Onkel Norman und Tante Ellen. Doch wenn er wie ein gutes, gehorsames, normales Kind Onkel und Tante sagt, ist das nichts, verglichen mit den Umständlichkeiten von Afrikaans. Afrikaaner haben Angst, einen Älteren mit *du* anzureden. Er äfft die Sprache seines Vaters nach: *»Mammie moet 'n kombers oor Mammie se knieë trek anders word Mammie koud«* – Mami muß eine Decke über Mamis Knie legen, sonst wird es Mami kalt. Er ist froh, daß er kein Afrikaaner ist und nicht so reden muß wie ein ausgepeitschter Sklave.

Seine Mutter beschließt, einen Hund anzuschaffen. Schäferhunde sind die besten – die klügsten, die treusten Hunde, aber sie finden keinen Schäferhund, den sie kaufen können. Sie entscheiden sich also für einen Welpen, halb Dobermann, halb sonstwas. Er besteht darauf, daß er ihm einen Namen geben kann. Er würde ihn gern Barsoi nennen, weil er ihn zum russischen Hund machen will, aber weil es kein echter Barsoi ist, nennt er ihn Kosak. Keiner versteht das. Die Leute denken, er hieße *kos-sak*, Brotbeutel, was sie komisch finden.

Kosak entpuppt sich als verstörter, undisziplinierter Hund, der sich in der Nachbarschaft herumtreibt, Gärten zerwühlt, Hühner jagt. Eines Tages läuft ihm der Hund bis zur Schule hinterher. Nichts, was er versucht, kann ihn davon abhalten: wenn er schreit und Steine wirft, läßt der Hund die Ohren hängen, kneift den Schwanz ein und schleicht sich fort; doch sobald er das Fahrrad wieder besteigt, läuft er ihm erneut hinterher. Schließlich muß er ihn am Halsband nach Hause zerren und das Fahrrad mit der anderen Hand schieben. Wütend kommt er zu Hause an und weigert sich, in die Schule zurückzukehren, weil er zu spät kommen würde.

Kosak ist noch nicht ausgewachsen, als er das zermahlene Glas frißt, das jemand für ihn ausgelegt hat. Die Mutter verordnet ihm Abführmittel und versucht, das Glas so auszuschwemmen, doch ohne Erfolg. Am dritten Tag, als der Hund nur noch still daliegt und keucht und nicht einmal mehr ihre Hand lecken will, schickt sie den Sohn in die Apotheke nach einem neuen Mittel, das ihr jemand empfohlen hat. Er rennt hin und wieder zurück, doch er kommt zu spät. Das Gesicht seiner Mutter verhärmt und verschlossen, sie nimmt ihm nicht einmal die Flasche ab.

Er hilft dabei, Kosak in eine Decke gewickelt hinten im Garten zu begraben. Über dem Grab errichtet er ein Kreuz, auf das er den Namen »Kosak« malt. Er will nicht, daß sie sich wieder einen Hund anschaffen, nicht, wenn sie so sterben müssen.

Yvonne Vera
Zimbabwe

Foto: Godfrey Moyo

Bereits mit ihrem ersten Roman »Nehanda« erregte Yvonne Vera Aufsehen, weil sie für die Geschichte der legendären Titelheldin des Ersten Befreiungskampfes Ende des 19. Jahrhunderts einen neuen Tonfall, eine neue Erzählweise fand. Ein charakteristisches Kennzeichen der Autorin ist, daß die erzählte Handlung im Hintergrund steht und das Wesentliche ihrer Texte ganz in die Sprache und die Nachempfindung der psychischen Befindlichkeit ihrer Personen verlegt ist. Die Realitäten des Krieges und die Widersprüche der afrikanischen Großstadt werden dabei nicht ausgespart, wobei sie vor allem das Leben der alleinstehenden Frauen im südlichen Afrika thematisiert, die zwischen allen sozialen und kulturellen Stühlen sitzen. Auch »Under the Tongue« greift ein wichtiges gesellschaftliches Thema auf, das gemeinhin tabuisiert wird: Es geht um Gewalt, um Inzest, um familiäre Beziehungen im Geflecht von Abhängigkeit und Verdrängung. »Butterfly Burning« spielt in der Stadt Bulawayo, wo kurz nach dem Ende des Zweiten Weltkriegs eine hoffnungsvolle Aufbruchstimmung herrscht, doch wiederum eine Frau den Widrigkeiten sozialer Vorurteile nicht entrinnen kann.

Yvonne Vera (* 1964 in Bulawayo) studierte in Kanada und promovierte mit einer Dissertation über das Gefängnis des kolonialen Raums. Sie ist heute Direktorin der Nationalgalerie in

Bulawayo. Für ihre Romane erhielt sie wiederholt Preise, so für »Without a Name« und »Under the Tongue« den Afrika-Preis des Commonwealth.

Butterfly Burning. Roman. Baobab Books: Harare 1998.
Seelen im Exil (Why Don't You Carve Other Animals, 1991). Erzählungen. Aus dem Englischen von Hilde Schruff. Lamuv: Göttingen 1997.
Eine Frau ohne Namen (Without a Name, 1994). Roman. Aus dem Englischen von Hilde Schruff. Marino: München 1997. Unionsverlag: Zürich 1999.
Under the Tongue. Roman. Baobab Books: Harare 1996.
Nehanda. Roman. Baobab Books: Harare 1993. (Dt. Übers. in Vorbereitung bei Edition Isele.)

Yvonne Vera
Schlaflied

Mazvita saß am Rand des schmalen Betts und hielt ihre Hände fest zusammengelegt. Das Baby lag in der Mitte des Betts.

Mazvita nahm das Baby und legte eine kalte Handfläche auf seine Augen. Sie wollte, daß das Baby seine Augen schloß. Mazvita weinte still, denn sie wußte, ihr Wunsch, das Baby schlafen zu lassen, war übel und unheilvoll. Ihr Herz klopfte so schnell von der Anstrengung, diese Bereitschaft zu unterdrücken, doch der Wunsch drängte sich ihr auf wie ein süßes Geheimnis. Sie dachte an Schlaf. Sie dachte an Einsamkeit und Schlaf. Das Gefühl war überwältigend. Sie zitterte bei dem Gedanken. Sie schloß ihre Augen und spürte, wie sich eine Wolke über ihre Schultern legte. Ihre Schultern fühlten sich schwer an. Sie öffnete ihre Augen und dachte an das Kind. Sie wollte das Kind vergessen und sich in der weichen Masse auf ihren Schultern verkriechen, in einen trägen Schlaf gleiten.

Sie sah das Baby an, das mit offenen Augen dalag. Wäre das Baby in dem Augenblick eingeschlafen, sie hätte sich von dem Wahnsinn erholt, mit dem sie noch einmal ihre Handfläche auf die Augen des Babys preßte. Mazvita war sich ihrer Gefahr noch bewußt. Das Baby hätte in dem Augenblick von sich aus einschlafen sollen, doch es schlief nicht ein. Sie drückte ihre rechte Handfläche sanft, noch einmal, auf das Baby. Sie spürte die warmen Augen des Kindes unter ihrer Handfläche.

Die Geste gab ihr eine maßlose und gewaltige Kraft, sich von diesem Baby zu befreien, sie trieb sie in eine gewaltsame, doch zielgerichtete Trance, während sie sich zu dem Baby hinbewegte und es vom Bett nahm, es langsam und endgültig nahm, es mit Schluchzen nahm, das ihren Körper zerriß, mit Schluchzen. Sie nahm das Baby langsam, als wollte sie es nicht wecken. Ihr Wunsch war, die Augen des Babys zu schließen, endgültig und aufrichtig. Mazvita suchte ihre Freiheit mit zarten und schwachen Bewegungen, präzise ausgeführt.

Mazvita sang langsam und liebevoll für das Baby, das ihres war, nicht ihres war, ihres war, nicht ihres war. Sie hielt inne, als wollte sie das Kind beruhigen, berührte es mit einem weichen Blick, als wollte sie es beschützen. Das Kind hatte tiefe, bodenlose Augen. Sie sehnte sich danach, die Augen ihres Kindes zu schließen, langsam und sanft. Der Gedanke löste in ihr eine unbeschwerte Zufriedenheit aus, war die jubelnde Verwirklichung einer Freude, flüchtig, aber echt. Freude lockte mit heiteren Wellen von Vergebung und Trost.

Mazvita nahm ein weiches, dünnes Tuch und legte es über die Augen des Kindes. Das Tuch roch nach Milch. Sie hatte das Tuch gebraucht, um dem Baby geronnene Milch aus den Mundwinkeln zu wischen. Das Tuch paßte um seinen Kopf, und sie konnte es hinten verknoten. Sie machte einen ganz weichen Knoten und bat das Kind flüsternd, stillzuhalten. Sie machte einen weichen, schmerzlosen Knoten, der dem Kind keinen Schaden zufügen würde. Das Kind hörte ihre langsamen, warnenden Bewegungen und hielt still. Das hier war ein Anfang. Wenn sie diese Aufgabe erfüllt hatte, würde sie genauer wissen, in welche Richtung sie weitergehen konnte. Sie fühlte sich begabt und erhaben, frei in all ihren Entscheidungen, in jeder Geste und Handlung, und sie atmete tief und nach innen und spürte, wie Luft in ihre Brust strömte. Sie hatte die Augen ihres Kindes geschlossen. Sie gewann ihren Atem mit mehreren kurzen Zügen zurück.

Sie beugte sich vor und betrachtete das Gesicht des Kindes lange und musternd. Mazvita bewegte sich noch einmal vor, zum Kind hin. Wasser brach auf ihrer Stirn aus und fiel auf die Augen des Kindes, die bedeckt waren. Es tropfte auf das Milchtuch. Das Tuch war feucht von dem Wasser ihrer Stirn. Mazvita bemerkte das Feuchte und spürte, wie ihr in dem stillen Zimmer eine tiefe Einsamkeit begegnete. Sie stand vom Bett auf mit langsamen, gleichmäßigen Schritten, ließ das Kind liegen.

Sie kehrte zum Bett zurück und setzte sich. Ihre Arme bewegten sich auf das Kind zu.

Sie war allein. Sie fühlte sich irgendwie bedroht, verstand aber die Zusammenhänge ihrer Qual nicht. Sie wußte nur, daß ihre Arme warteten und daß das Feuchte auf den Augen des Kindes von ihr kam. Das Baby gehörte ihr, und sie war allein. Sie flüsterte leise, von ihrer Einsamkeit.

Ihre Arme warteten auf das Kind.

Sie saß da und hielt das Baby mit den verbundenen Augen in ihren Armen. Mazvita sah sich suchend im Zimmer um. Sie erinnerte sich nicht genau, ob sie früher schon in diesem Zimmer gewesen war, auch wenn es ihr bekannt vorkam. Sie sah sich um und wußte, daß der Augenblick lebenswichtig war und sie ihn nicht vorübergehen lassen durfte, ohne etwas zu ihrer Erlösung daraus zu gewinnen. Nicht, wenn der Augenblick auf diese Weise eingetroffen war, wie Schlaf. Das Baby entspannte in Mazvitas fester Umarmung, vielleicht hatte es endlich die Augen geschlossen. Aber Mazvita verpaßte das hilfsbereite Signal von dem Baby, denn sie war bereits weit, weit weggewandert. Sie hatte einen völlig neuen Horizont entdeckt und erreicht.

Ihre Entschlossenheit war erstaunlich. Sie stand außerhalb ihres Wunsches, außerhalb ihrer selbst. Sie stand und wandte ihren Kopf weg von der Zeremonie ihrer Freiheit, von dem Ritual der Trennung. Sie sah ihre wilden Handlungen nicht, sah nicht ihre aufgerissenen Augen, ihre zusammengekniffenen Brauen, ihr verzerrtes Gesicht, ihre lang ausgestreckten Arme, ihre steifen Schultern. Sie verwechselte ihren Entschluß mit Freundlichkeit. Sie sah ihre Tränen nicht, dennoch weinte sie verzweifelt, während ihre Phantasie triumphierte und sie die Dinge ablehnte, die von ihr kamen, aus ihrem Körper kamen. Ihre Stirn legte sich in Falten. Wasser fiel von ihrer Stirn in ihre Augen und machte sie blind.

Ihre Ablehnung war unerwartet und heftig und vollständig. Sie stand auf und balancierte das Baby auf ihrem Arm. Sie nahm eine schwarze Krawatte von einem Regal in der Ecke des Zimmers und legte sie um den Hals des Kindes. Die Krawatte lag am Kind wie eine große Schlaufe; sie hätte in einer anderen Situation darüber lachen müssen. Sie zögerte nicht. Sie nahm sich ihren Traum und ihre Freiheit. Sie war beflügelt und leidenschaftlich. Sie zog das untere Ende der Krawatte um den Hals des Babys. Sie zerrte an dem Stoff, während das Baby blind war und vertraute. Sie riß heftig und unerschütterlich, obwohl es sie erstickte und erblindete und ihr den Rücken brach. Es war kühn, dieses Zerren an dem Stoff, und sie hörte nicht auf, bis es keinen Stoff mehr gab, an dem sie zerren konnte, weil der Stoff zu einem engen Kreis geworden war, dem kleinsten Kreis denkbar, und sie ihre Kühnheit nicht länger brauchte. Sie brauchte ihre Kühnheit nicht länger, denn ihre Kühnheit hatte eine fürchterliche Stille ins Zimmer gebracht. Es gab keine Bewegung mehr, keine Bewegung, auch nicht in ihren eigenen Armen. Zuerst bemerkte sie das Reglose in ihren Armen. Sie bemerkte ihre Arme.

Bestürzt und sich selbst von außen sehend, erinnerte sie sich an das, was sie diesem Kind angetan hatte. In dem einengenden Knoten, den sie zustande gebracht hatte, konnte das Kind nicht überleben. Sie spürte, wie der Hals brach und über ihr Handgelenk fiel. Sie spürte, wie der Knochen unten am Hals ihr mitteilte, daß das Kind gestorben war. Der Knochen brach leise. Dieses Geräusch hallte lange, nachdem sie es gehört hatte, nach. Der Hals war gebrochen. Dennoch hielt sie den Knoten fest zwischen ihren Fingern, noch ein bißchen länger. Sie ließ den Knoten los. Der Kopf schwang zurück und fiel auf ihre Handfläche, weil sie ihn gebrochen hatte. Sie hatte ihrem Kind den Hals gebrochen.

Der Kopf fiel nach vorn, und sie konnte ihn von oben sehen. Sie sah den weichen Teil ihres Kindes, auf dem noch keine Haare gewachsen waren. Sie strich mit einer kalten Hand über diesen weichen, sterbenden Teil und konnte das Weiche noch spüren. Er war nach innen gesunken, dieser weiche Teil. Er war bloß und unbeschützt. Keine Haare waren darauf gewachsen. Er war bloß, der weiche Teil ihres Kindes, wo noch keine Haare gewachsen waren. Weich und sterbend. Sie hielt das Weiche sanft in ihrer Hand. Der Hals war gebrochen. Ihr Blick, mit dem sie das Gesicht des Kindes hielt, war tröstend und ruhig. Sie sehnte sich zärtlich nach dem Haar, das sie nicht gesehen hatte.

Sie ließ das Tuch auf den Augen des Kindes liegen und legte es zurück auf das Bett, wo sie begonnen hatte. Sie versuchte den Weg zu entdecken, den sie zu diesem Grauen gegangen war, doch die Erinnerung versteckte sich vor ihr. Dann kam sie hervor wie Blitze einer unermeßlichen und schweren Schuld. Ihre Finger fühlten sich kalt und abgetrennt an. Sie saß in einer schmerzhaften Isolation, überzeugt, daß das, was passiert war, nicht wahr war. Dennoch, warum waren die Augen des Kindes verbunden, wann hatte sie das getan? Dieser ungewöhnliche Anblick bestätigte das Grauen in ihrem Kopf. Ein Berg wuchs in ihrem Kopf.

Sie war verantwortlich für die grauenhafte Wahrheit ihrer Handlung, die sie nicht wiedergutmachen konnte. Sie hielt ihren Atem an, in ihrer Brust. Es lag ein Brennen auf ihrer Zunge. Ihre Zunge schien in ihrem Mund zu wachsen, schien groß und unkenntlich zu werden. Sie konnte nicht mehr sauber und regelmäßig atmen. Bitterkeit verteilte sich in ihrem Gesicht, in ihren Augen. Sie schloß ihre Augen und versuchte angestrengt, ihre Gedanken an das Kind zu sammeln. Sie wollte nicht an das Kind denken. Sie dachte an das Kind.

Sie saß still und verwundert. Sie stand auf. Ihre Füße waren schwer, doch sie ging einen Schritt vorwärts, schleppte sich zurück zum Kind. Ihre Ellenbogen schmerzten stark. Sie fiel vornüber, in die Nähe des Babys. Sie sank zusammen auf dem Bett, streckte ihren Hals vor und erhob ihre Arme. Die Handlung war unerträglich. Sie nahm dem Kind das Tuch von den Augen. Die Augen waren friedlich geschlossen, es schlief. Sie freute sich beinahe, denn sie erinnerte sich an einen Augenblick, in dem sie sich diesen gewöhnlichen Zustand gewünscht hatte. Sie erinnerte sich an einen solchen Augenblick. Das Kind hatte seine Augen gern geschlossen. Die geschlossenen Augen waren gut, doch sie sah, daß der Hals nach unten auf seine Brust gesunken war. Der Hals war gebrochen.

Vielleicht war das Kind nicht tot. Sie trug das Baby auf ihrem Rücken. Das Kind war gern auf ihrem Rücken. Es blieb still, während Mazvita mit leisen Schritten durch das Zimmer ging Mazvita ging auf und ab neben dem Bett. Sie sang leise, ihre Lippen waren leicht geschürzt. Sie sang mit stummen Tönen, mit erstickten und verwirrten Schreien, flehend, und hoffte, das Kind würde sich bewegen. Sie spürte, wie der kleine Kopf auf ihre linke Schulter glitt, und die Bewegung war still und vertraut. Das Kind war eingeschlafen. Sie mußte das Kind geradehalten, denn es war in dieser unbeholfenen Position eingeschlafen, und so beugte sie ihren Rücken und lehnte sich vor, bis das Baby bequem lag, und stützte es mit ihrem Tuch. Sie konnte seinen Kopf an ihrem Rücken mit dem Tuch hochhalten, und sie ging in dem Zimmer hin und her, damit das Baby schlafen konnte.

Sie sang ein stilles Schlaflied, zu dem es keine Worte gab. Sie sang von sterbenden Pilzen, den Pilzen, die sie gefunden hatte.

Dann beugte sie sich noch einmal vor und band das Tuch los. Das Baby sank nach unten und lag an ihrem Rücken. Sie spürte seine schweigenden Finger unter ihren Armen.

Sie hatte eine wankende Vision wahr gemacht. Sie konnte noch mutige Aussagen machen. Sie würde ihr Kind in Mubaira begraben, dann würde sie sterben. Sie würde zu Nyenyedzi gehen und ihm sein Kind geben. Es war sein Kind. Sie ließ die Krawatte auf dem Bett liegen, für Joel. Die Krawatte gehörte Joel. Er durfte sie nicht vermissen. Sie fand den Busbahnhof, an dem sie erst vor wenigen Monaten angekommen war.

Sie fiel in Klumpen, die Milch. Sie fiel dem Baby aus dem Mund.

Der Bus fuhr immer weiter.

Jedes Geräusch schien ihr zuzuhören, obwohl sie diejenige war, die zuhörte; ein seltenes, schmerzliches Zuhören, das ihr über den Rücken kroch, reglos blieb, so schmerzlich reglos, daß es sie tief aufschluchzen ließ, und das Schluchzen an ihren Schultern zerbrach, zitternd zu ihren Füßen glitt, und sie spürte, wie ihre Zehen kalt wurden, kalt und steif wurden. Sie ging in einen bodenlosen Schmerz hinein, in dem sie schwitzte und nach einer Mondscheibe schluchzte, die sie heilen könnte, nicht widerwillig, sondern mit überschäumendem, jubilierendem Mitgefühl. Bodenlos, dieser Schmerz, kalt und reglos.

Es war das Reglose auf ihrem Rücken, anhänglich und beharrlich, das sie beunruhigte, sie erstickte, wie ein kurzes, schmerzliches Echo an ihrer Brust zerrte, ihre Lippen in berstenden, schwarzen Lehm verwandelte, klebrig und kalt. Sie spürte, wie ihre Augen in die Dunkelheit sanken, die sich irgendwo hinter ihrer Stirn, hinter ihren Augenbrauen gesammelt hatte. Eine reglose, kalte Dunkelheit, in der es, das wußte sie, keine Ruhe gab.

Ihr Rücken war feucht und schwer. Das Reglose rief nach ihr, leise, kalt. Sie spürte, wie ihre Zehen sich verkrampften und starr wurden, spürte, wie ihre Nägel rissen und reißend ihre Haut verletzten, spürte, wie ihre Fußgelenke tief und heiß brannten, umgeben von einer Flamme, von der sie keine Vorstellung hatte. Und sie blickte starr geradeaus, versuchte, sich vor den Geräuschen zu verstecken, die sie mit fröhlicher Gleichgültigkeit umgaben, Geschichten erzählten, unbeschwert, nicht wie sie, die solch ein Gewicht auf ihrem Rücken trug. Sie hörte jedes Geräusch in ihren Gedanken und weinte langsam und tief um das Reglose auf ihrem Rücken, das schwere, kalte Regungslose, das sie umarmte, seine Arme um sie legte mit kleinen, kalten Fingern, so kalt und klein. Sie legte sich an ihr Rückgrat, die Kälte, und versuchte, sie zu täuschen, denn an ihrem Rücken flackerten Flammen. Eine kleine, rote Flamme wuchs an ihrem Rücken wie Leben. Sie wußte mehr als diese lodernde Welle, sie wußte, was hinter ihr lag. Die Kälte, die schwerer war als die Hitze, denn die Hitze war leicht. Sie war nicht so leicht wie Blütenblätter, oder Sonnenschein oder Träumereien. Sie war leicht wie brennende Haut. Sie war schwer.

Der Bus war voll. Sie hörte jedes Geräusch in diesem überfüllten Bus, aber etwas, das größer war als sie selbst, hörte ihr zu, hörte sie, verachtete ihr Leiden. Es war spöttisch und spielerisch, und sie wagte nicht, es zu entdecken. Es hetzte und triumphierte, war riesig und scharf. Unmöglich, daß sie so gelitten hatte ohne irgendwelche Zuschauer. Sie hatte wenigstens ein Ohr für ihr Geheimnis verdient.

Mazvita glaubte, einen leisen, verhaltenen Atem zu hören, der ihr den Rücken streichelte, eine gleitende, sich ausdehnende Feuchtigkeit, wie Tränen, warm und bittend. Dann geriet sie in Panik, denn sie wußte, das dies nicht das Leben war, sondern der Tod.

Aus Yvonne Vera: *Eine Frau ohne Namen.* Roman. Aus dem Englischen von Hilde Schruff.

Lesego Rampolokeng
Südafrika

Lesego Rampolokeng (* 1965 in Soweto) zählt zu den herausragenden Lyrikern Südafrikas. In seinen Gedichten verbindet er Traditionen des Dithoko-Sprechgesangs der südafrikanischen Sotho mit zeitgenössischen Elementen aus Rap oder Dub. Bewußt greift er ideologische, religiöse, politische und sexuelle Tabus seiner Gesellschaft an, will die Scheinmoral der alten, rassistischen wie der neuen südafrikanischen »Regenbogen-Nation« entlarven. Rampolokeng ist ein unbarmherziger Kritiker der sozialen Mißstände, die sich auch nach dem Wandel am Kap – er spricht von einem vorgetäuschten Wandel – erhalten haben. Bekannt geworden ist der Lyriker, der gerne klassische Genres überschreitet, durch seine Rap-Gesänge, die er zumeist zu musikalischer Begleitung vorträgt.

1992/93 entstand die CD »end beginnings« zusammen mit der südafrikanischen Punk-Band »The Kalahari Surfer«. Für die Handspring Puppet Company Johannesburg verfaßte er eine Adaption von Goethes »Faust«: »Faustus in Africa« wurde 1995 beim Kunstfest Weimar uraufgeführt und erfolgreich in Europa und Südafrika gezeigt.

end beginnings. Gedichte (engl./dt.). Aus dem Englischen von Thomas Brückner. Marino: München 1998.

Blue V's. Rap-Poems. Gedichte (engl./dt., mit einer CD). Aus dem Englischen von Thomas Brückner. Edition Solitude: Stuttgart 1998.
Talking Rain. Gedichte. Congress of South African Writers: Johannesburg 1993.
Horns for Hondo. Gedichte. Congress of South African Writers: Johannesburg 1990.

Lesego Rampolokeng
johannesburg

johannesburg meine stadt
pflaster aus judasgold
betrug & lügen
hier stranden träume zum sterben

verkehr fließt durch sieche
lebensader in uns tickt
ewig die zeitbombe
unserer selbstauslöschung

unsicher der schritt
mit stolz getarnt soll verbergen
unseren stolpernden herz-tritt
werden gepeitscht von rezession
in die maschine der repression
gespiegelt in glastürmen
die grünen weiden des wohlstands
sind todesgewölbe
nichts ist mehr sicher
weder gebet noch politik
garantiert zukünftiges glück

jo'burg meine stadt
hier wird unsere geburt lüge
wir eilen doch nur zum sterben
ohne zu leben
vegetieren nur
zu drehen das geldrad
nur die gewitzten werden sieger
& der rest
die füße zuerst
wird versetzt

von bösem blick oder schlächterhand
oder anders
an den rand
unseres eigenen irrsinns

Lesego Rampolokeng
für vincent

sie zogen ihm die zähne
vor dem tod mit zangen kantig rot
rissen die nägel raus
wünschten sein menschmannsein taub
hackten die genitalien zu staub
mit dem fleischermesser
als er blutete häuteten sie ihn
& säten sein blut in den wind
mich traf die volle wucht der meldung
im rotwütenden auge des sturms
traf schwer die kehrseite meiner scham
& noch immer rasselt das geisterhaus mit den knochen
der erinnerung

betrachten wir es nüchtern –
ich kenne keinen der vincents leichnam je sah
& besuche des beileids chemisch gereinigt
durch nen militär der lebte
für den kampf um menschliche größe
ja der mann an der spitze macht keine witze
will seinen preis an blut & fleisch
wir begruben symbolisch den leeren sarg
sie behaupten schakale raubten sein haupt
erstickten dann am blei in seinem hirnbrei
so geht die mär
sie machten seinen schädel zum windspiel
& aus dem gebein wurde der schrein
für den präsidenten
sie verstümmelten & schändeten noch den toten leib

vincent war mein bruder getötet vom mut
& zum mordlüsternen ruhm einer ganzen nation
hab ihm mein erstes schamhaar gezeigt
& in der zeit meiner unsicherheit
wies er den weg & wie man ihn geht
er erschrak an dem tag da er sah die eigne vergänglichkeit
auf bloßem fuß den nebel zum laken
kroch er durch den rauch des kanonenfaulatems
zum tod in komatipoort
hort besiegelten friedens ort tödlicher lügen
gerechtigkeit bekam einen schlag auf dem schlachtfeld

vincent auf einem hügel aus purpur
in der kälte die ihn umhüllte
doch tief drinnen wirbelte ein sturm
versteckt unter laken aus furcht
seit die mörderhand bekannt
& noch immer tost ein wutsturm über land

nachts ertrink ich im schweiß
schau in das grinsen des tods
seh ein gewehr das zielt auf mein hirn
& sie nennen das erfindung
einer kranken einbildung
& doch
seh ich geschminkte gesichter im fernsehn zittern
wenn sie hühnchen verschlingen zu mittag
in limousinen rasen von empfang zu
schnappschußgelagen
& möcht ihre meinung erfragen
warum muß man leben (z)erschlagen
doch meine klagen werden mir aus dem gehirn gewaschen

sinnlos zu wühlen
im gral der revolution
er bewahrt nur
eine landvoll von zuckendem gewürm

der mutter schüttelts nur immer den kopf
drum erklärt man sie flugs für toll
& verschließt sie in ihrer einsamkeit

bombe kugel messer gift
oder auch nur schweigen
kann stillen die bluteiterwunde in meinem hirn
wenn ich die zunge wetz
weiß ich mir droht der tod
der rede
doch geht die erinnerung einen langen weg
der wird schlimmer noch durch die schwere last
der gewalt

Aus Lesego Rampolokeng: *Blue V's.* Rap-Poems. Gedichte (engl./dt., mit einer CD). Aus dem Englischen von Thomas Brückner. © 1998 Lesego Rampolokeng und Akademie Schloß Solitude, Stuttgart.

Lesego Rampolokeng
der rampster greift an

(dem großmaulmeister zugeeignet)

(dien keiner regierung unter keinem firmament auf noch so starkem fundament
bin dichter kein ornament im kabinett / parlament)

salb jede zeile mit einsteins hirn
schärf den reim an samsons stirn
schleif den rhythmus an sisyphus' pein
die spitze der nadel sucht nach der ader

vergewaltige den stift laß die wut hoch in tätlichem
wort stech durch arterie & gefäße
in der dichterdomäne
wort ist erfindung erneuere die tradition
oder hysterie wird mein schicksal
voll mark alter zeit sonn & mond krieger
send pfeil vom gedicht zur explosion beim aufschlag
sieb den fakt aus dem beschiß
mach tatsächlich wo stallone gedoubelt ist
wend mich von lettern die sich beugen dem pakt
steh allein greif ein ohne trick-effekt

leben gegeben zu gewinnen die stimme
lange messer triefen verharren im brennpunkt
kritiker geraten in verzückung
doch das rampenlicht wird zum verbrechensgeviert
& die du gebierst verwünschen dich aus dem revier
wie wahr wankelmut ist
verpaß den einsatz erweis dich als ehrlich
sie zischen & pissen kotze gift speichel
wünschen nen andersneuen der glaubt ihr werk wärs auch

ist ne andere stufe des kampfes
verpfuschen die zukunft auf derselben seite
sie nageln mich klagen mich an gehn niemals hoch doch nehmen
mir das mikro
schlagen mich lahm flaumige buppies rasende puppies
chucky-freundlich doch in dunklem gesicht grinst weiß der hai
beißen & loben meine reize
kauen & spein schrein nach mami wolln nen dummy
der sich die lippen schleckt an ihrem harpyenarsch

(dien keiner regierung unter keinem firmament auf noch so star-
kem fundament
bin dichter kein ornament im kabinett / parlament
begreifs dämlackmiststückarschverräter ?)

Lindsey Collen
Mauritius

Bekannt wurde Lindsey Collen mit ihrem zweiten Roman, für den sie den Commonwealth Writers Prize für Afrika 1994 erhielt, als er in dem Land, in dem er publiziert worden war, verboten wurde. »Sita und die Gewalt« erzählt komplex und differenziert von den Mühen der Erinnerung, von der Rekonstruktion eines Geschehnisses, das die Hauptperson lieber verdrängen würde. Lindsey Collen verknüpft die »individuelle« Geschichte einer Vergewaltigung mit der »großen« Geschichte der Gewalt im Indischen Ozean und in Afrika, mit der fortwirkenden Unterdrückung und Demütigung ganzer Völker durch die Kolonialmächte. Doch nicht das Thema machte den Roman zum Gegenstand öffentlicher Kontroversen, sondern der Titel, der den Namen einer indischen Göttin enthält, führte bei der Hindu-Bevölkerung auf Mauritius (mehr als die Hälfte der Mauritianer sind indischer Abstammung) zu Protesten gegen die vermeintliche Entweihung der Göttin und schließlich zum Verbot des Buchs durch die Regierung. In allen ihren Romanen verbindet Lindsey Collen das vermeintlich Private (zum Beispiel die Frage, wie eine Frau mit einer ungewollten Schwangerschaft umgeht) mit dem Gesellschaftlichen und damit Politischen.

Lindsey Collen (* 1948 in Südafrika) lebt seit 1974 auf Mauritius, wo sie sich auch politisch engagiert. Seit 1990 veröffentlicht sie Prosa und Gedichte.

Lebenstanz (Getting rid of it, 1997). Roman. Aus dem Englischen von Anita Jörges-Djafari. Lamuv: Göttingen 1999.
Die Wellen von Mauritius (There is a Tide, 1990). Roman. Aus dem Englischen von Martina Tichy. Rowohlt: Reinbek 1998.
Sita und die Gewalt (The Rape of Sita, 1993). Roman. Aus dem Englischen von Ludwig Laher. Rowohlt: Reinbek 1997.
Misyon Garson. Roman in kreolischer Sprache. Lediskasyon pu Travayer: Mauritius 1996.

Lindsey Collen

Der Nackte Mitternachtsmann und die Air-Islands-Duty-Free-Tüte

Heute ist der Tag vor dem, was sie »den ersten isolierten Akt gemeinsamer Gewaltanwendung« nennen. Der Tag, bevor die Dinge, wie es Jahre später in der Presse heißen sollte, ausgelöst wurden. Heute ist spät. An diesem Punkt fängt die Luft in Miller's Group of Companies um Goldilox Soo und ihren Mop herum an, zu Gelee zu werden. Eisiges Gelee. Sie hat Schwierigkeiten, da durchzukommen. Aber sie muß. Sie muß ihren Mop abstellen.

»Ist nach der Arbeit heute schon *zu spät*?« Goldilox Soo empfindet diesen Gedanken wie eine körperlich spürbare Vorwarnung. Als ob der Gedanke irgendwo außerhalb von ihr wäre, in dieser dicker werdenden Luft.

Ihre Pläne sind auch da draußen. Sie hängen jetzt schwebend in der Luft vor ihr. Balancieren in dieser gelierten Luft.

Goldilox Soo beginnt sich zu bewegen. Das *Jetzt* zieht Jumila an, wie die Schwerkraft, und Jumila zieht Goldilox Soo an wie ein Magnet.

Heute. Alle drei beabsichtigen zu handeln. Beabsichtigen. Heute. Heute nachmittag. *Alte Unterdrückung gibt es jetzt schon zu lange,* sie haben es in ihren Knochen gespürt: jetzt ist Zeit, sie loszuwerden. *Heute müssen sie anfangen.*

»Was in aller Welt haben wir uns dabei gedacht?« fragt sie laut. »Wer sind wir überhaupt? Um solche Gedanken zu denken.«

Jetzt ist diese Plastiktüte in Jumilas Hand, mit der roten Schrift drauf. Und was auch immer da drin sein mag. Eine Plastiktüte, mächtig genug, um unsere Pläne in Aspik einzulegen.

Der Mop ist jetzt auch schwer. Sie hat keine Wahl, sie muß ihn hierlassen. Irgendwo. Sie kann damit nicht auf den Straßen herumziehen.

Straßen. Es hat schon Unruhen auf den Straßen gegeben. Unruhen, von denen man wirklich nicht weiß, warum. Manchmal löst ein Verkehrsunfall eine aus. Als ob die Leute entflammbar seien. Zunder. Entflammbar. Öffentliche Bücherverbrennung. Hatten wir schon. Einmal wegen des Propheten. Hieß es. Dann, weil die Götter selbst sauer waren. Hieß es. Beleidigt.

Beleidigungen. Zu viele. Im Anjalay-Stadion spielen sie jetzt hinter verschlossenen Toren Fußball – für den Fall.

Und genau jetzt tropft Blut aus einer Ecke von Jumilas Plastiktüte. Air-Islands-Duty-Free-Tüte. Werden sie merken, daß ich weg bin? Dann kann mein Mop mich vertreten. Schnell. Beeil dich. Wir müssen handeln. Bevor alles auseinanderfällt. In Farbe und Glaubensbekenntnis und Blutvergießen. Vergossenes Blut.

Konnte es ein Verbrechen sein?

Sollte es begraben werden? Armes Mädchen. Was denke ich da jetzt? Panik ergreift Goldilox Soo. Aber alles ist zu langsam für Panik. Nicht einmal Panik kann jetzt um sich greifen. Nicht in dieser Luft.

Sie spürt, daß ihr Haar versucht, vor dem Tuch auf ihrem Kopf zu fliehen. Um dieser dicken Luft entgegenzuspringen. Sich zu widersetzen.

Goldilox Soo schleppt sich, schwer, hinüber zum Serviceaufzug. Dort ist der Abstellplatz für den Mop. Sie erschrickt, hat eine Vogelscheuche gesehen, hat sich selbst im Spiegel gesehen, in irgendeinem Glas gespiegelt, auf ihrem Mop. Der Schreck erinnert sie an ihn. An den Nackten Mitternachtsmann. Einen glänzenden, schwarzen, schönen Besucher, der genauso plötzlich auftaucht. Er kommt vor allem zu Frauen – Frauen und Mädchen – und immer in der Nacht, und er kann sich in einen Wolf verwandeln, wenn er nicht schon einer ist. Und dann verschwindet er. Manchmal hinterläßt er rote Male am Hals der Frauen. Oder er hinterläßt junge Frauen schwanger. Und dann bilden Männer – Männer und Jungen – Banden und ziehen mit Pangas auf den Straßen umher, blutrünstig.

Es muß Blut sein. Tropf, tropf, tropf, aus der Ecke, die rote Farbe.

Und es heißt auch, die Leute sagen es, daß es Leute gibt, die Kinder anderer Leute stehlen. Um sie als Opfer darzubieten? Das ist nicht klar. Die Gerüchte sind weit verbreitet.

»Unheilverkündende Zeiten«, denkt Goldilox Soo. Und:

»Vielleicht ist es zu spät. Dumme Idee von uns. Wer sind wir denn? Was können wir schon tun? Ist es jetzt schon zu spät?«

Zum Beten nicht. Sie bevorzugt es, Maria anzurufen. Aber jeder ist ihr recht.

Die unsichtbare Goldilox stellt schließlich ihren Mop ab. Er wird ebenfalls sofort unsichtbar – dort, zwischen dem Serviceaufzug und dem Treppenschacht.

»Nun, was ist los, Jumila? Du sagtest Schwierigkeiten. Schwierigkeiten in deiner Plastiktüte?«

Die Sonne schien so schön, man hatte das Gefühl, alles müßte in Ordnung sein. Nur eine grüne Fliege kam und setzte sich auf das Gras unter die Air-Islands-Duty-Free-Tüte, und das bedeutete, daß irgend etwas nicht in Ordnung war. Irgend etwas faul war. Direkt unter der Tüte saß sie. Flügel blau silbern schwarz grün. Genau dort, wo die Tüte auslief. Goldilox Soo hielt den Atem an, wartete darauf, etwas zu hören.

»Ich habe es mir nicht genau angeschaut. Es war über und über voll Blut und Blutklumpen. Ich habe auch die Nachgeburt rausgezogen. Ich bin immer noch ganz wackelig. Ganz weiche Knie hab ich. Und mein Hinken ist schlimmer geworden. Und ich weiß nicht, ob ich weinen soll.«

»Armes Ding. Und du warst ganz allein?«

»Ich habe einfach alles in eine Eine-Rupie-Plastiktüte gesteckt, eine hellblaue, ich habe die ganze Schweinerei weggewischt und bin rausgegangen, um es beim Jasminbaum zu begraben. Weißt du, das verkümmerte Ding zwischen meinem und Sadna Joynas Haus. Zwischen ihm und dem zwergwüchsigen Peepur-Baum. Weißt du, wo es heißt, der Nackte Mitternachtsmann sei dort erschienen, kurz bevor er sich in einen Wolf verwandelt hat.« Als ob die genaue Beschreibung des Ortes schon die ganze Geschichte erzählen würde. Als ob ein verkrüppelter Baum oder auch zwei als Zeuge dienen könnten.

Ahmadou Kourouma
Elfenbeinküste

Foto: Heinz Hug

Mit einem eher schmalen Œuvre hat sich Ahmadou Kourouma (* 1927) in den Kanon der afrikanischen Literatur geschrieben. Sein erster Roman »Der schwarze Fürst« (1968/70) setzte sich zu einem frühen Zeitpunkt kritisch mit der nachkolonialen Epoche im frankophonen Afrika auseinander. Seine Muttersprache Malinke hat er dabei so in die französische Sprache eingebaut, daß es hieß: »Kourouma spricht auf französisch Malinke.« Dieses »afrikanisierte« Französisch folgt mündlichen Überlieferungen und bleibt gleichzeitig im Französischen lesbar. Erst zwanzig Jahre später veröffentlichte er einen weiteren Roman: »Monnè, outrages et défis« bezeichnet die Erniedrigung, die der französische Kolonialismus den westafrikanischen Völkern brachte. Der Held ist kein Vertreter des Volkes, sondern der fiktive König Djigui Keita, der sich in der sehr realen Epoche der französischen Machtnahme im islamisch dominierten Westafrika mit den Kolonialherren zu arrangieren versucht und scheitert. Dreißig Jahre nach seinem ersten Roman formuliert Kourouma die Kritik an den afrikanischen Diktatoren in seinem Roman »Die Taten des Großen Jägers« auf neue Weise. Koyaga, der afrikanische Diktator par excellence, ist der Große Jäger, der in den Zeiten des Kalten Krieges alle Mittel der Machterhaltung nutzt. Der besondere Reiz des Buches, in dem die Geschichte afrikanischer Diktaturen an sechs Abenden von einem traditionellen Erzähler und Musiker, einem Griot oder Sora, und seinem Begleiter Tiécoura vorgetragen wird, liegt in der Erzählweise, die von rhetorischer Übertreibung und groteskem Detailreichtum geprägt ist. Dieser Roman gilt in Frankreich und Afrika als einer der wichtigen und großen Romane des heutigen Afrika.

Kourouma lebte von 1963 an einige Jahre lang im politischen Exil und hatte bis zu seiner Pensionierung (und Rückkehr nach Abidjan) vor wenigen Jahren hohe Posten in der afrikanischen Versicherungswirtschaft inne.

Die Taten des Großen Jägers (En attendant le vote des bêtes sauvages, 1998). Roman. Aus dem Französischen von Cornelia Panzacchi. Hammer: Wuppertal 2000.
Les diseurs de vérité. Acoria: Paris 1998.
Monnè, outrages et défis. Roman. Seuil: Paris 1990.
Der schwarze Fürst (Les soleils des indépendances, 1968 / 1970). Roman. Aus dem Französischen von Horst Lothar Teweleit. Hammer: Wuppertal 1980.

Ahmadou Kourouma

Lobpreisung der Mutter

»Ich, Bingo, bin der Sora; ich preise, singe und spiele die Kora. Ein Sora ist ein Sänger, ein Dichter, der die Taten der Jäger erzählt und die Helden unter den Jägern mit Lob überhäuft. Merkt euch meinen Namen, den Namen Bingo, ich bin der Griot und Musiker der Bruderschaft der Jäger. Der Mann zu meiner Rechten, der Gaukler, der in diesem furchterregenden Kostüm steckt, der mit der Flöte, er heißt Tiécoura. Tiécoura ist mein Antworter.

Hier sind wir also, unter dem Baldachin im Garten Eurer Residenz. Alles ist bereit, alle sind an ihrem Platz. Ich werde die reinigende Erzählung Eures Lebens als Großer Jäger und Diktator vortragen. Auf Malinke nennt man die reinigende Erzählung Donsomana. Es ist ein Heldengedicht. Tiécoura, alle sind versammelt, alles ist gesagt. Jetzt kommt dein Körnchen Salz.«

Der Antworter spielt auf der Flöte, springt herum, tanzt. Abrupt bleibt er stehen und wendet sich an den Präsidenten Koyaga.

»Präsident, General und Diktator Koyaga, wir werden an sechs Abenden Euer Donsomana singen und tanzen. Wir werden die Wahrheit sagen. Die Wahrheit über Eure Diktatur. Die Wahrheit über Eure Verwandten, Eure Mitarbeiter. Die ganze Wahrheit über Eure Gemeinheiten, über Eure Schweinereien; wir werden Eure Lügen anprangern, die zahlreichen von Euch begangenen Verbrechen und Morde ...«

»Hör auf, einen großen und ehrenwerten Mann zu beleidigen, einen so anständigen Mann wie Koyaga, unseren Vater der Nation. Sonst werden Verdammnis und Unglück über dich kommen und dich vernichten. Hör also auf! Hör auf!

Die Tradition muß geachtet werden, denn:

Wenn das Rebhuhn auffliegt, bleibt sein Kind nicht am Boden.

Auch wenn ein Vogel lange auf dem Baobab sitzt, vergißt er nicht das Nest im Gebüsch, in dem er ausgebrütet wurde.

Und wer nicht weiß, wohin er geht, sollte wenigstens wissen, woher er kommt.«

»Tiécoura! Es gibt viele Frauen, die glauben, daß ihre Mutterpflicht mit der Geburt endet.«

»Nein! Da hört die Mutterpflicht nicht auf!« betont der Begleiter.

»Andere meinen, daß ihre Mutterpflicht erfüllt ist, wenn sie das Kind vierundzwanzig Monate lang gestillt und auf dem Rücken getragen haben.«

»Nein, das genügt nicht!«

»Wiederum andere glauben, daß ihre Verpflichtung gegenüber dem Kind mit dem Tag seiner Hochzeit endet.«

»Nein, nein. Ihr Leben lang gibt die Mutter etwas an ihr Kind weiter, lehrt sie es. Die Pflicht einer wahren Mutter bleibt bestehen, solange sie lebt«, stellt Tiécoura fest.

»Tiécoura! Eine Mutter ist alles im Leben; die Mißgeschicke unserer Jugend rühren daher, daß sie der Mutter zu wenig Ehrfurcht entgegenbringt. Es ist nicht einfach, ein Kind neun ganze Monde lang unter dem Herzen zu tragen!

Sprechen wir von Koyagas Mama. Preisen wir die Frau, die in Ramaka, in der Bergregion der Golfrepublik, auf ihren Sohn wartet, der mit dem Postbus kommt.

Du erzählst sehr viel Gutes von deiner Mutter, und du hast recht. Es wird unter den Bergmenschen niemals wieder eine Frau geben, die Nadjouma gleichkommt. Sie war schön – und sie wird immer schön sein! Sie war mutig – und sie wird immer mutig sein! Sie ist intelligent. Aber was sind Worte! Worte! Uns Soras stehen nur Worte zur Verfügung, und kein Wort kann Nadjouma auch nur annähernd beschreiben. Sie wird den afrikanischen Frauen immer ein Vorbild sein, ein ewiger Quell der Inspiration.

Du, Koyaga, du verdankst deiner Mutter alles, was du hast, alles, was du bist. Sie war die Ringkampfmeisterin der Mädchen aus den Bergen, und sie wird sterben, ohne daß es einer Frau gelingt, Nadjoumas Genick zu Boden zu drücken. Bei den nackten Menschen gibt es zwei Formen der Heirat: die Ehe durch Verlobung und die Raubheirat. Mit der Verlobungs-Heirat geben sich die Mickerlinge, die Waschlappen zufrieden. Männer und

Frauen aus dem Stoff und Blut deiner Eltern, Koyaga, wählen die Raubheirat.

Tchao aus dem Fort Sola von Tchaotchi, der unbesiegte Meister, entschloß sich, Nadjouma zu rauben, das Mädchen aus dem Fort Kaloa, die Meisterin der Mädchen. Die beiden trafen sich unter dem Baobab an der Wegkreuzung, in einiger Entfernung zum Fluß. Selbstverständlich ließ sich Tchao zur eigenen Sicherheit, wie der Brauch es verlangt, von etwa zehn Bogenschützen seines Clans begleiten, die mit Giftpfeilen bewaffnet waren. Die Bogenschützen von Nadjoumas Clan hatten einen Hinterhalt geplant. Zum Stammeskrieg würde es nicht kommen, denn die Familie des Mädchens hatte sich bereits mit dem Brautpreis in Höhe von zwei Kolanüssen und zwei Ziegen einverstanden erklärt. Um das Geschehen verfolgen zu können, hatte sich jeder Bogenschützentrupp unweit des Baobabs versteckt. Nadjouma taucht aus dem Gebüsch auf, Tchao wirft Pfeile und Köcher von sich, stürzt sich wie ein Raubtier auf die Geliebte, hebt sie hoch, nimmt sie auf die Schultern. Das Mädchen wehrt sich, beleidigt den jungen Mann, schleudert ihm die Herausforderung entgegen. Sie ist Jungfrau. Sie hat also ihre Ehre zu verteidigen und kann sich nicht mitnehmen lassen wie eine leblose Gazelle. Ihr Verehrer setzt sie ab, und Mann und Frau nehmen umgehend den Kampf auf, einen echten Kampf. Einen Kampf, der einen ganzen Nachmittag dauert.

Tchao, der Meister der Männer, gegen Nadjouma, die unter den Frauen unbesiegt ist. Es genügt nicht, Nadjouma zu Boden zu werfen, sie muß vergewaltigt werden – wenn das Mädchen Jungfrau ist, wird die Raubehe durch Vergewaltigung vollzogen. Im allgemeinen beschränkt sich die Vergewaltigung auf den symbolischen Widerstand des Mädchens. Nadjouma, die Meisterin, weigert sich, bei einem Scheingefecht mitzuwirken. Sie wehrt sich mit jedem einzelnen Muskel, wendet ihre ganze Kampftechnik an. Noch an den letzten Tagen seines Lebens wird Tchao im Gefängnis sagen, daß der Kampf, den er bestritten hat, um Nadjouma zu besitzen, der härteste seiner Laufbahn war. Ein Kampf der Riesen, ein Kampf wahrer Könner. Unter den Füßen der Ringkampfmeister sind die Pflanzen zerfetzt worden, die Erde sieht aus wie umgepflügt.

Der Ort ist seit jenem Tag eine Lichtung.«

»Niemals, bis ans Ende aller Tage nicht, wird in dem Kreis auch nur ein einziger Grashalm wachsen, in dem die Vergewaltigung begangen wurde, bei der du, Koyaga, gezeugt worden bist«, fährt Tiécoura lächelnd fort.

»Tiécoura! Das Sprichwort ist das Pferd der Sprache: Wenn die Sprache sich verliert, findet man sie dank des Sprichworts wieder. Wer tagsüber eine lange Strecke zurücklegen will, muß früh aufwachen.

Koyagas Mama hat gekämpft und gelitten, um ihren Sohn zu empfangen; sie hat noch mehr gekämpft und gelitten, um ihn zu gebären. Die Schmerzensschreie, die sie in den Wehen ausstieß, hallen noch heute um die Berggipfel im Land der nackten Menschen, wenn der Ostwind bläst. Du, Koyaga, warst als Säugling riesengroß. Deine Mutter schwor, daß sie nach dir keine Kinder mehr bekäme. Als Echo zu ihren Schmerzensschreien prophezeiten die Wahrsager, daß sie bei einer zweiten Geburt sterben würde. Es gibt kein Feuer ohne Rauch. Wenn wir in unserer Falle für die Tiere, die auf dem Land leben, einen Hundsfisch fangen, haben wir mehr als Glück gehabt. Hören wir auf, es gibt keinerlei Grund, weiter zu jagen.«

Germano Almeida
Kapverden

Als Germano Almeida (* 1945 auf der Insel Boavista), Rechtsanwalt in São Vicente, 1991 in Lissabon seinen ersten Roman veröffentlichte, war sich die portugiesische Kritik einig: für die portugiesischsprachige Literatur hatte eine Sternstunde geschlagen. Der Roman »Das Testament des Herrn Napumoceno« ist eine gelungene humoristische Satire auf eine gewisse bürgerliche Anständigkeit, wie sie auch auf den Kapverden waltet. Der Held, zu Beginn des Romans längst tot, mischt sich durch sein Testament noch einmal heftig unter die Lebenden, die bei der Testamentseröffnung nach und nach erfahren, daß der reiche kapverdische Macho durchaus nicht nur in seinen geschäftlichen Angelegenheiten aufging. Der Roman »O meu poeta« wird als der erste Nationalroman des unabhängigen Staates der Kapverden angesehen, sein Thema ist die Perversion des Einparteienstaats, in dem ein fragwürdiger Poet als Opportunist der Stunde Null Karriere macht. Almeida entlarvt in seinen Romanen die Scheinheiligkeit der öffentlichen und privaten Moral auf den Inseln. Sein wichtigstes künstlerisches Mittel ist der Humor, er beherrscht eine ganze Reihe von Spielarten der literarischen Komik – von Ironie über Sarkasmus bis hin zu (schwer übersetzbaren) Wortspielen und slapstickartiger Situationskomik.

A Família Trago. Roman. Editorial Caminho: Lissabon 1998.
Das Testament des Herrn Napumoceno (O testamento do Sr. Napumoceno da Silva Araújo, 1991). Roman. Aus dem Portugiesischen von Maralde Meyer-Minnemann. Fischer: Frankfurt am Main 1997.
Estórias de dentro de casa. Novellen. Editorial Caminho: Lissabon 1996.
Os dois irmãos. Roman. Editorial Caminho: Lissabon 1995.
A ilha fantástica. Roman. Editorial Caminho: Lissabon 1994.
O meu poeta. Roman. Editorial Caminho: Lissabon 1992.

Germano Almeida

Ein grüner Taftrock, die weiße Bluse und 3 : 0 für Sporting

Gracinha war gerade im Garten dabei, ihre Füße zu waschen, sie wohnten in einem Haus, das kein Bad, geschweige denn fließend Wasser hatte, Licht nur von einer Petroleumlampe, und daran fehlte es Gott sei Dank nicht, Gracinha kam ihre Füße schüttelnd herein, sah den Herrn im Anzug und sagte guten Abend, Senhor Fonseca erhob sich vom Stuhl, den ihm Dona Chica angeboten hatte, ergriff Gracinhas Hand, die er küßte, und beglückwünschte sie feierlich. Und erklärte Graça, die staunend die Augen aufriß, daß er seit mehr als zwei Stunden auf der Suche nach ihrem Haus gewesen sei. Er habe auf gar keinen Fall die gute Neuigkeit erst am folgenden Tag überbringen wollen. Er hatte seine Suche in Begleitung von Senhor Lima begonnen, doch der hatte nach einem langen Marsch schließlich aufgegeben und war nach Hause zurückgekehrt, da ihm die Schuhe die Füße schmerzen ließen. Aber er hatte nicht aufgegeben, war er doch als beharrlicher Mann bekannt, und jetzt sah er sich belohnt. Er lächelte und sagte, er sei auf Wunsch des Verstorbenen, Gott sei seiner Seele gnädig!, einer der Zeugen bei der Eröffnung des eigenhändig verfaßten Testaments seines hochgeschätzten verblichenen Freundes Napumoceno da Silva Araújo gewesen und sei jetzt hier, um die angenehme Nachricht zu überbringen, daß von jenem Tag an Fräulein Maria da Graça ihrem schönen Namen und Nachnamen den Namen Araújo zufügen würde, der in dieser Stadt ein besonders angesehener Name sei. Und weiterhin sagte er, daß auf ausdrücklichen Wunsch des illustren Verstorbenen aus einer Klausel des Testaments hervorginge, daß sie zur alleinigen Erbin all seiner Güter würde, sobald bestimmten frommen Legaten Genüge getan worden sei.

Maria da Graça begriff diese frohe Kunde nicht gleich, erst einmal fand sie es nur witzig, wie Senhor Fonseca redete, mit vielen Gesten, mit verzogenem Mund, über dem ein schmaler

Schnurrbart tanzte, und als Senhor Fonseca sich erhob und Mein spätes, aber tiefempfundenes Beileid! sagte, hatte sie gedacht, er wolle sich nur erheben, um sich zu verabschieden, und sagte nur, Vielen Dank, auf Wiedersehen!, und Senhor Fonseca war etwas verwirrt gewesen, sagte jedoch, er werde am nächsten Tag wiederkommen, um alles genauer zu erklären, war hinausgegangen und hatte Mutter und Tochter allein im Haus und die Nachbarn vor dem Haus zurückgelassen.

Bislang war Gracinha stets ein folgsames, zu ihrer Mutter zärtliches Mädchen gewesen, doch an jenem Tag verlor sie die Fassung und verlangte Erklärungen von ihr, anfangs brüllte sie, weil sie nichts begriff, dann schluchzte sie, auf dem Zementfußboden kniend, den Kopf im Schoß ihrer Mutter. Sie erzählte Carlos später, daß ihr ein richtiger Vater nie wirklich gefehlt habe, weil Senhor Silvério sie sehr gern hatte, und daher habe sie nie gedacht, daß ein echter Vater für das Leben der Kinder notwendig sei, zumal es in diesem Land an Kindern ohne Vater nicht mangelte. Daher habe sie die Mutter nie danach gefragt, nicht nur, weil sie sich nicht an traurige Dinge habe erinnern wollen, sondern auch, weil er ihr nicht gefehlt habe. Außerdem sah sie so viele Väter ihre Kinder ärgern, daß sie sogar manchmal Gott dafür gedankt habe, daß sie niemanden hatte, der sie ärgerte. Dennoch habe sie in jenem Augenblick gefühlt, daß sie einen Vater verloren, den sie als solchen nie gekannt habe, doch gleichzeitig sei sie auf sich selbst böse gewesen, weil sie darüber traurig war. Andererseits aber habe sie einen Kummer verspürt, wenn sie an jenen Alten dachte, der sie mit unendlicher Zärtlichkeit in seinen Augen angesehen habe, ganz so, als wollte er sie verschlingen, und sie sah den Alten wieder vor sich, wie er sie nach ihren Zeugnisnoten fragte, ihre Hände in seine alten zittrigen Hände nahm, Paß bei der Geographie auf, das war immer mein schwacher Punkt!, jenes Apropos, ich habe da noch Schokolade im Wagen, wenn er sich von ihr verabschiedete, Gott segne dich!, und sie hatte dann dort gestanden und diesen verrückten Alten angesehen, und daher weinte sie, nachdem ihr ihre Mutter erzählt hatte, wie alles gewesen war, in ihrem Zimmer liegend nicht aus Sehnsucht, sondern aus Mitleid und aus Gewissensbissen, wegen des in jenes faltige Gesicht gegrabenen

Leidens, das sie mit den Augen eines geprügelten Hundes ansah, und als sie schließlich einschlief, träumte sie, daß sie ihren Vater küßte und ihm all die Zärtlichkeit gab, um die er sie mit seinen nach Zärtlichkeit hungernden Augen gebeten hatte, obwohl ihre Mutter ihr die Wahrheit über das erzählt hatte, was geschehen war, und diese Wahrheit nicht so schön oder poetisch war, wie sie hätte sein sollen. Es hatte sich nämlich nicht um eine unmögliche Liebe gehandelt, sondern darum, daß ihre Mutter eine einfache Putzfrau war, und als Senhor Napumoceno sie gebeten hatte, als seine Angestellte das Büro zu putzen, hatte Dona Chica eingewilligt, da sie eine feste Arbeit brauchte und dies eine gute Anstellung mit wenigen Arbeitsstunden zu sein versprach, weil sie nur ihre Arbeit machen mußte und dann nach Hause gehen konnte, sie kam gegen sieben Uhr morgens, putzte die Nebenräume, Senhor Napumoceno öffnete pünktlich um acht sein Büro und ging dann sofort seinen Geschäften nach, sie wechselten kaum ein Wort miteinander, weil er nicht ein Mann von vielen Worten war, manchmal war es gerade noch ein Guten Tag, Senhor Araújo!, Guten Tag, Dona Chica!, am Anfang hatte sie ihn Senhor Napumoceno genannt, doch ihm hatte das nicht gefallen, und deshalb habe ich ihn nur Senhor Araújo genannt, für mich war ein Name so gut wie jeder andere, häufig hatte sie ihn nach diesem Grüß Gott nicht noch einmal gesehen, bis zu dem einen Tag, daran erinnerte sie sich ganz genau, als wäre es heute, sie erinnerte sich sogar daran, daß es ein Samstag war, weil es am Tag darauf ein wichtiges Spiel von Sporting gegen den Mindelense gegeben hatte, wo es um den Meistertitel ging, und daß Senhor Araújo sie am darauffolgenden Montag an der Tür zum Büro getroffen und ihr gesagt hatte, daß der Sporting am Vortage 3:0 gewonnen hatte, und, indem sie in Erinnerung an jenen Tag lächelte, sagte sie, daß sie ihn weder angelächelt noch ihn beglückwünscht hatte, sondern ganz im Gegenteil mit grimmigem Gesicht weitergearbeitet, weil sie ihm noch wegen seines Verhaltens am vorangegangenen Samstag böse war, sie war nämlich, erinnerte sie sich, am vorangegangenen Samstag mit einem grünen Taftrock und einer weißen Bluse zur Arbeit gegangen und gerade dabeigewesen, den Schreibtisch zu putzen, als er wieder hereinkam, doch er war an der Tür stehengeblieben und hatte sie angesehen, allerdings so, als habe er sie noch nie vorher gesehen, weil seine Augen ganz verwirrt dreinschauten, damals war er noch überhaupt nicht glatzköpfig, ganz im Gegenteil, man kann sogar sagen, daß er ein gutaussehender Mann war, doch er stand da und schaute sie an, sie schaute, unterbrach ihr Reinemachen, lächelte schüchtern, sagte, was haben Sie denn, es scheint so, als hätten Sie etwas Furchtbares gesehen, doch er antwortete nicht, lächelte nicht, starrte nur immer weiter, während sein Adamsapfel auf und ab wanderte, als hätte er Kuskus gegessen, ohne zu kauen, sie sagte dann, Meine Güte! Sie machen einem ja Angst!, doch er stand schweigend an der Tür, nur seine Kehle ging immer auf und ab, doch plötzlich schloß er die Tür, drehte den Schlüssel im Schloß, sie, Maria Chica hätte nicht gleich begriffen, sie hätte so etwas nicht von einem Herrn aus seiner Gesellschaftsschicht gedacht, der zudem noch so angesehen war, doch er war auf sie zugekommen und hatte so etwas wie Entschuldige mich bitte gesagt und sie gepackt und sie über den Schreibtisch gelegt, sie hatte gekämpft, gesagt, Laß mich los oder ich schreie!, und gleichzeitig hatte sie gefühlt, wie er sich bemühte, ihre Röcke hochzuschieben, die sie zwischen den Beinen festgeklemmt hatte, doch als sie da auf dem Mahagonieschreibtisch lag, der so stark und schwer war, daß er weder ächzte noch wegrückte, hatte sie gefühlt, daß ihr Rücken anfing weh zu tun, und sich etwas zurechtgerückt, was er dazu ausgenutzt hatte, ihre Beine zu spreizen und die Röcke hochzuschieben, während sie ihn auf den Kopf schlug, und, abermals lächelnd, sagte sie dann, daß er ihre Schläge überhaupt nicht zu spüren schien, so außer sich sei er gewesen, er habe ihr Höschen zur Seite gezogen, und ihr sei nur eingefallen, ihm zu sagen, Sie werden es zerreißen!, doch er schien es nicht gehört zu haben, so blind und taub sei er gewesen, und plötzlich sei er in sie eingedrungen und habe jenes heiße Zeug in sie ergossen und dann schwer atmend über ihr gelegen, als schluchze er, und sie habe ganz stillgehalten, weil sie befürchtet habe, er sei in Agonie gefallen, doch ganz allmählich habe er sich wieder gefangen, und sie habe nicht mehr gewußt, ob sie böse werden oder weggehen sollte, er habe immer noch auf ihr gelegen, doch sie habe gefühlt, daß sie Krämpfe in den Beinen bekam, und es ihm gesagt, doch er habe nur zu ihr gesagt,

Verzeih mir um dessen willen, was dir das Liebste ist, und sie habe die Angst und die Beklemmung, den Schmerz dieses Mannes aus diesen Worten herausgehört, der der Scham über sich selbst überlassen gewesen war, die lasche Geste gesehen, mit der er sich von ihr löste und den Hosenstall zuknöpfte, und da habe sie unendliches Mitleid mit ihm gehabt und ihn angesehen und zu ihm gesagt, Möge Gott Ihnen immer einen klaren Verstand geben! und ihre Putzarbeit wieder aufgenommen, als wäre nichts geschehen, und Senhor Napumoceno hatte die Tür geöffnet und war hinausgegangen, und sie hatte ihn noch auf der Straße gehen sehen, als sei er schon gleich am frühen Morgen betrunken, der arme Mann!, die Männer sind wirklich arme Kerle!, und darauf hatte sie ihre Arbeit zu Ende gemacht und war wieder nach Hause gegangen und an jenem fröhlichen Montag, an dem Sporting bereits Meister war, wieder zurückgekehrt. Doch an diesem Tag war Senhor Napumoceno glücklich und zu Scherzen aufgelegt gewesen und hatte mit ihr über die Arbeit gesprochen, ob das, was sie verdiente, ausreichte, ob sie das Spiel gesehen habe, doch es war so gewesen, als habe es jenen Samstag zwischen ihnen nie gegeben, denn in dem mehr als eine halbe Stunde dauernden Gespräch sei jener Samstag nie erwähnt worden. Nur als sie sich zum Gehen fertig gemacht hatte, habe Senhor Napumoceno die Brieftasche gezückt und ihr zur Feier des Sieges des Sporting 500 $ geben wollen.

Graça sagte, es sei dies der einzige Augenblick gewesen, an dem sie ihre Mutter habe unterbrechen wollen, um sie zu fragen, ob sie das Geld angenommen habe, doch sie habe keinen Ton herausbringen können und nur den Kopf gehoben und sie wortlos mit erschrockenen Blicken angeschaut, die darum flehten, daß sie aufhörte, doch an dieser Stelle habe ihre Mutter eine lange Pause gemacht, und daher habe sie ihren Kopf wieder in ihrem Schoß vergraben und wieder aus Scham geschluchzt, bis sie die Mutter sagen hörte, nein, vielen Dank, ich bin keine Hure, die sich für Geld zu einem Mann legt.

Senhor Napumoceno hatte eine ganze Weile geschwiegen, als schämte er sich, doch dann hatte er das Geld wieder in die Brieftasche gesteckt, nur gesagt, ich habe dich ein zweites Mal beleidigt, ich bitte ein zweites Mal um Vergebung. Er war hinausgegangen, und tagelang war aus Senhor Napumocenos zugeschnürter Kehle nur ein Guten Tag ohne einen weiteren Wortwechsel gekommen, doch als Dona Chica wieder einmal mit dem grünen Rock und der weißen Bluse gekommen war, da hatte er wieder die Tür abgeschlossen. Nur war er an jenem Tag nicht mehr verschämt gewesen, ganz im Gegenteil vielmehr zu Scherzen aufgelegt und gut gelaunt und hatte auf dem Wege eigens immer wieder haltgemacht, erforscht, berührt, war eingedrungen und wieder herausgekommen, und erst als sie zu jammern begann, hatte er einen furiosen Galopp begonnen, und sie hatte sich auf die Lippen gebissen, um nicht zu schreien, und er hatte Mordsweib! gesagt, und bei den Malen, die darauf folgten, war das ganze Eingangshinundher nicht mehr vonnöten, warum auch, wo wir beide es doch wollten, nur fand es immer auf dem hölzernen Schreibtisch statt, der gebe Gott noch immer dort stehen möge, denn als Bett war er zwar hart, doch als Schreibtisch vortrefflich.

Aus Germano Almeida: *Das Testament des Herrn Napumoceno.* Roman. Aus dem Portugiesischen von Maralde Meyer-Minnemann.

Bessie Head
Südafrika

Foto: Peter Højrup

Bekanntgeworden ist Bessie Head (* 1937 in Pietermaritzburg/Südafrika, gestorben 1986 in Serowe/Botswana) als subtile Chronistin der seelischen Zerstörungen, die Rassenwahn und Apartheid unter Menschen anzurichten vermochten, als eine Autorin, die dabei auch die eigene Verletzlichkeit offenbarte. Ein Teil ihres Werkes wurde erst nach ihrem Tode veröffentlicht, so viele der zum Teil ethnographisch präzisen Geschichten, die sie in Botswana geschrieben hatte. Sie zeigen, wie sehr Bessie Head von den Menschen in Botswana, wo sie Zuflucht gefunden hatte, fasziniert war, von ihrer Geschichte, ihren widersprüchlichen Gefühlen.

Sie beobachtete außerordentlich präzise, sagte einmal ein Kritiker, sie lächelte über die Menschen, vergab ihnen oder geriet in Zorn; aber vor allem schrieb sie sehr genau und mit großem Einfühlungsvermögen auf, was gerade einfache Menschen der Menschheit mitzuteilen haben.

Orangen und Zitronen. Geschichten von Zärtlichkeit und Macht (Tales of Tenderness and Power, 1989). Aus dem Englischen von Hilde Schruff. Lamuv: Göttingen 1999.
Maru (Maru, 1971). Roman. Aus dem Englischen von Gisela Feurle und Detlev Gohrbandt. Lamuv: Göttingen 1998.

Sternenwende (The Cardinals, 1993). Roman. Aus dem Englischen von Susanne Koehler. Lamuv: Göttingen 1997.
Die Schatzsammlerin (The Collector of Treasures, 1977). Erzählungen. Aus dem Englischen von Uta Goridis, Evelin Petzold, Ursel Reinecke und Ingrid Westerhoff. Orlanda: Berlin 1988. Deutscher Taschenbuch Verlag: München 1993.
Serowe: Village of the Rain Wind. Sachbuch. Heinemann: London 1991.
Die Farbe der Macht (A Question of Power, 1973). Roman. Aus dem Englischen von Uta Goridis. Orlanda: Berlin 1987.
A Bewitched Crossroad. An African Saga. Roman. Donker: Johannesburg 1984.
When Rain Clouds Gather. Roman. Victor Gollancz: London 1969.

Bessie Head
Die Menschen im Dorf

Die Armut hat ein Zuhause in Afrika – wie eine stille, zweite Haut. Es mag sein, daß dies der einzige Ort auf der Welt ist, wo sie mit unbewußter Würde getragen wird. Die Menschen schauen nicht auf deine Schuhe herab, die vom Schmutz der Jahre so hart und rissig geworden sind, daß die Zehen herausstehen. Sie sehen dir direkt und tief in die Augen, um herauszufinden, ob du Freund oder Feind bist. Das ist das einzige, was zählt. Ich glaube fast, daß dieser tiefe Blick in die Augen, diese intensive Wahrnehmung eines Menschen, die Erde rundherum widerspiegelt. In Afrika sind Himmel und Erde grenzenlos. Man könnte sagen, daß diese ungeheure Weite eine gewisse Vorsicht in sich birgt, die den Menschen auf seine einfachste Form reduziert. Trifft das nicht zu, so muß es einen anderen, unermeßlichen Grund geben für die immense Menschlichkeit und die extreme Liebenswürdigkeit der Menschen in meinem Dorf.

Die Armut hat hier eine große Anhängerschaft. Wir haben uns an sie gewöhnt. Jeden Tag essen wir einen Brei aus Hirse am Morgen; einen dickeren Hirsebrei mit einem Stück gekochten Fleischs am Mittag, und am Abend gibt es dasselbe wie zum Frühstück. Auf unseren Köpfen transportieren wir fast alles: Wasser aus meilenweiter Entfernung, Säcke voll Getreide und Mais und Feuerholz.

Die Anpassung an die schwierigen Bedingungen in einem Land, das ständig von Dürren heimgesucht wird, steckt voller Widersprüche. Viele Babys sterben vor Hunger und Mangelernährung: Und doch, trotz der resignierenden Anpassung, finden sich die Menschen bei der Mutter ein, sitzen und sitzen in schwerem Schweigen und nehmen den Schmerz auf, bis er für die Mutter dumpf und unbestimmt geworden ist, eingebettet in den Fluß des Lebens. Das ist nicht richtig. Eine schreckliche Sinnlosigkeit ist darin enthalten. Und die Alternative? Aus der sinnlosen Sicherheit herauszutreten und sich dem Schmerz des Lebens allein zu stellen, wenn eine Seite des Gleichgewichts so überschwer wiegt, hieße, ein viel schlimmeres Schicksal auf sich zu nehmen. Die wenigen, die das wagten, sind auf merkwürdig stille, harmlose Weise verrückt: Sie irren durch das ganze Dorf, frei. Ihr ununterbrochenes Gemurmel und ihre halbbekleideten Körper allein unterscheiden sie von den anderen. Das ist nicht richtig, und es ist schädlich, nur nach dem Überleben zu streben. In den Topf gehören weitere Zutaten. Aber wie? Wir leben mitten im Nirgendwo. Die Verbindung zur Außenwelt findet per Ochsenkarren und Ochsenschlitten statt. Zudem erzeugt die Armut einen starken Sog aus Angst und Sorge. Wir sind nicht aufgeschlossen. Wir neigen dazu, das Fremde und Neue abzulehnen. Wir leben und überleben, indem wir so wenig wie möglich verlangen. Doch unterhalb des trügerischen Friedens, der uns umgibt, fühlen wir uns schneller verwirrt und zerrissen als diejenigen, die es schaffen, neue Horizonte in ihrer ganzen Größe und Weite lässig hinzunehmen.

Wollen wir wirklich das Recht auf eine langsame Entwicklung bewahren, das Neue nur dann zulassen, wenn es Schritt hält mit unseren Einschränkungen – oder überfällt uns das Neue als Widerspruch? Ich stelle diese Frage nur, weil trotz unserer Anonymität ein großes Guthaben an Liebe und Wärme zu unseren Gunsten zählt, das sich die Götter irgendwo aufschreiben sollten. Es könnte sein, daß sie Wüsten und Halbwüsten übersehen. Ich möchte sie daran erinnern, daß es auch hier Menschen gibt, die ihre Aufmerksamkeit brauchen.

Die alte Frau

Sie war so zart, daß ihr ganzer Körper hierhin und dorthin schaukelte wie ein dünner Getreidehalm im Wind. Ihre Arme waren so flach wie Bretter. Das Fleisch hing kraftlos herunter, und ihre Hände, die ihren Gehstock umklammerten, waren verdreht und vom Alter knotig. Die zerschlissenen Ränder mehrerer Unterröcke schaukelten ebenso unter ihrem langen Kleid. Darunter stakten zwei knochige Stockbeine hervor. Sie trug ein Paar Leinenschuhe. Alle Zehen waren zu sehen, so daß die Füße haltlos in den Schuhen schlappten. Sie trug jeden Schuh am falschen Fuß, so daß sich einem das Herz umdrehte vor Lachen.

Dennoch wirkte sie so stark, daß ich erschrak, als sie plötzlich vornübergebeugt würgte und trocken hustete und dann wie ein stilles Seufzen zu Boden sank.

»Was ist denn, hmm? Was ist los?« fragte ich.

»Wasser, Wasser«, sagte sie schwach.

»Warten Sie einen Moment. Ich werde bei der Hütte fragen, ob sie Wasser haben.«

»Was ist los?« fragten sie dort.

»Die alte Dame ist krank«, sagte ich.

»Nein«, sagte sie kurz. »Ich bin nicht krank. Ich bin hungrig.«

Die Menge lachte peinlich berührt, daß sie ihre Bedürfnisse so unverhüllt offenbarte. Sie wandte sich ab; alte Frauen aber schämen sich nicht mehr. Sie sind wie Kinder. Sie geben sich der Schwäche hin und scheuen sich nicht zu weinen, wenn sie hungrig sind.

»Das macht nichts«, sagte ich. »Hunger ist etwas Fürchterliches. Meine Hütte ist nicht weit von hier. Das kleine Kind hier wird sie Ihnen zeigen. Warten Sie dort, ich komme gleich zurück und mache Ihnen etwas zu essen.«

Dann war es später Nachmittag. Ich dachte schon längst nicht mehr an die alte Dame, als eine fremde, junge Frau, die mir nicht bekannt war, mit einem Eimer Wasser auf dem Kopf auf meinem Hof erschien. Sie stellte den Eimer vor meine Tür und hockte sich auf die Erde.

»Guten Tag. Wie geht es Ihnen?« sagte ich.

Sie erwiderte den Gruß, wobei ihr Gesicht leer blieb und ihr Blick vorsichtig gesenkt. Ich konnte unmöglich sagen: Was wollen Sie? Wen suchen Sie? Ich konnte das unmöglich zu einem vorsichtig gesenkten Blick sagen und zu einem Körper, der still und geduldig auf der Erde hockte. Ich schaute zum Himmel, hilflos. Ich schaute auf die Bäume. Ich schaute auf die Erde, die junge Frau aber sagte nichts. Ich kannte sie nicht, weder in- noch auswendig. Viele Leute, die ich nicht kenne, kennen mich, in- und auswendig, und immer ist es dasselbe, dieses Schweigen.

Eine neugierige Nachbarin sah über die Hecke.

»Was ist los?« fragte sie.

Ich schaute wieder zum Himmel und hob hilflos die Schultern.

»Frag die junge Frau bitte, was sie will, wen sie sucht.«

Die junge Frau wandte ihr Gesicht der Nachbarin zu, hielt ihren Blick immer noch gesenkt und sagte leise:

»Nein, sagen Sie ihr, sie half unserer Verwandten, die heute morgen zusammenbrach. Sagen Sie ihr, die Verwandten hätten darüber gesprochen. Sagen Sie ihr, daß wir ihr nichts dafür geben können, nur ein Verwandter sagte, er sehe sie jeden Tag Wasserholen gehen. So beschlossen wir, ihr einen Eimer Wasser zu bringen. Das ist alles, was wir haben.«

Ja, sagen Sie es ihnen. Sagen Sie ihnen, wie natürlich, selbstverständlich und normal menschliches Entgegenkommen ist. Sagen Sie es ihnen, denjenigen, die mein Land Afrika nach Gewinn und Gier beurteilen, daß die Götter hier barfuß gehen, ohne Hermelin und goldbesetzte Mäntel.

Ama Ata Aidoo
Ghana

Foto: Ekko von Schwichow

Schreibende Frauen haben in Afrika keinen leichten Stand. Ama Ata Aidoo (* 1942) gehört zu den profiliertesten und vielseitigsten Autorinnen des Kontinents. Nach kurzer Zeit als Erziehungsministerin Ghanas lebte sie in den achtziger Jahren mehrere Jahre in Zimbabwe und unterrichtete in den USA, bevor sie in ihre Heimat zurückkehrte.

Ama Ata Aidoo begann als Dramatikerin. Ihre Stücke »The Dilemma of a Ghost« und »Anowa« sind wichtige Analysen des modernen Afrika. Schon hier zeichnen sich Themen ab, die später auch ihre Romane und Erzählungen bestimmen: die Situation der Frau in Afrika, die sich mit Strukturen auseinandersetzen muß, die dem Mann alle Macht und Möglichkeiten zuschreiben. In Aidoos erstem Roman »Our Sister Killjoy« kommt die junge Sissie zum Studium nach Europa, analysiert dort die Gebräuche der Weißen mit scharfem Blick und gelangt zu einer distanzierten Einschätzung ihrer Heimat.

»Die Zweitfrau«, ihr neuester Roman, schildert eine Liebesgeschichte, die gegen alle gesellschaftlichen Konventionen verstößt: Esi, die Heldin des Romans, verläßt ihren Ehemann, um wenig später ein Verhältnis mit einem anderen Mann zu beginnen. Das bittere Ende des Romans, das Esi erkennen läßt, daß sie auch hier die wahre Liebe vergebens sucht, zeigt Aidoos Skepsis gegenüber radikalen Rezepten zur Verbesserung der Situation afrikanischer Frauen.

The Girl who Can & Other Stories. Erzählungen. Sub-Saharan Publishers: Accra 1998.
Die Zweitfrau. Eine Liebesgeschichte (Changes. A Love Story, 1991). Roman. Aus dem Englischen von Anita Jörges-Djafari. Lamuv: Göttingen 1998.
An Angry Letter in January. Lyrik. Dangaroo Press: London 1992.
Someone Talking to Sometime. Lyrik. College Press: Harare 1985.
Our Sister Killjoy. Roman. Longman: London 1977.
Anowa. Drama. Longman: London 1970.
No Sweetness Here. Erzählungen. Longman: London 1970.
The Dilemma of a Ghost. Drama. Longman Nigeria: Lagos 1965.

Ama Ata Aidoo
Täuschungsmanöver Familienplanung

Verglichen mit Esi war Opokuya wirklich dick. Nicht daß es ihr etwas ausmachte. Sie bewegte sich schnell wie der Blitz und lachte eigentlich das ganze Jahr hindurch. Immer wenn die Rede auf ihre Leibesfülle kam, machte sie unmißverständlich klar, daß die Tatsache, daß sie dick war, keineswegs bedeutete, daß sie nicht wußte, was man dagegen tun könne. Sie arbeitete seit fast fünfzehn Jahren als staatlich geprüfte Krankenschwester und war obendrein zur Hebamme ausgebildet. Im Laufe dieser Jahre war sie zu dem Schluß gekommen, daß diejenigen, die daran interessiert waren, daß Frauen – insbesondere afrikanische Frauen – abnahmen, die gleichen waren, die daran interessiert waren, daß Frauen – insbesondere afrikanische Frauen – auch weniger Kinder bekamen.

»Also, Opokuya. Das mußt du gerade sagen, Opokuya«, protestierten ihre Zuhörer immer.

»Ich kann mich auch irren«, versuchte sie dann einzulenken, um gleich darauf unbeirrt fortzufahren: »Nur, wie kommt es eigentlich, daß man, egal, wie abgelegen und versteckt eine Klinik auf dem Land liegt, garantiert zwei Dinge in großen Mengen dort vorfindet – nämlich Broschüren und Proben für Schlankheits- und Verhütungsmittel? He?« fragte sie dann ihre nachdenklich gestimmten Zuhörer, die Hände in die Hüften gestemmt ... »Und in Krankenhäusern wie diesem hier hätten wir niemals zuwenig von den Standardmedikamenten, wenn diese gleichzeitig Verhütungsmittel wären und wir sie allen Patienten geben würden, auch Männern und Kindern, mit der Aufforderung, sie dreimal täglich vor den Mahlzeiten zu schlucken.« Dann blickte sie sich um, und ihre Augen funkelten auf beinahe unnatürliche Weise. Wenn sie so tief schürfte, dann blieben die Leute meist ganz still und hörten ihr zu.

»Bei alldem verhalten sich unsere Regierungen wie professionelle Bettler. Sie haben gelernt, wie man gekonnt bettelt. Oberste Regel ist, niemals etwas abzulehnen, was dem Geber gefällt. Und sie wissen, daß den Gebern eines ganz besonders gefällt: Wenn es nicht zu viele von uns gibt. Wie kann der Bettler unter diesen Umständen dem Geber sagen, daß er verschwinden soll mit seinen gefährlichen, noch gar nicht erprobten Antibabypillen, Kapseln und Spritzen? Ja, Spritzen. Und sie geben ihren mörderischen Programmen so schöne Namen wie ›Familienplanung‹ und ›Müttergenesung‹ … alles nur Täuschungsmanöver …«

Ihre Zuhörerschaft bestand zum größten Teil aus Krankenhauspersonal. Einige waren der Meinung, daß etwas Wahres dran sei an dem, was sie sagte. Andere waren einfach peinlich berührt und fragten sich, wie eine anständig verheiratete Frau auf so verrückte Ideen kam. Manche wandten sich ab, während sie redete. Wieder andre schwiegen. Doch es gab auch immer welche, die blieben und mit ihr diskutierten und versuchten, sie von der Vernünftigkeit moderner und zivilisierter Ansichten zu überzeugen.

Opokuya hatte gründlich nachgedacht über den Zusammenhang von Bevölkerungspolitik und Übergewicht. Sie fand es beängstigend, wie diese Politik in bezug auf Afrikaner angewandt wurde. Wenn kein Interesse daran besteht, daß du Kinder in die Welt setzt, dann besteht auch kein Interesse an deiner Gesundheit und deinem Wohlergehen und auch nicht an dem deiner Kinder. Für sich selbst hatte Opokuya entschieden, daß sie vier Kinder haben wollte. Die hatte sie bekommen und anschließend das Thema mit ihrem Mann Kubi offen besprochen. Nachdem sie übereingekommen waren, daß vier wirklich genug seien, ging sie zu einem Gynäkologen ihres Vertrauens, beredete alles mit ihm, machte einen Termin aus und ließ sich die Eileiter verschließen oder veröden oder was auch immer. Das war's!

In der Frage des Körpergewichts war Opokuya noch nicht zu so einer klaren Lösung gekommen, auch nicht für sich selbst. Hin und wieder gab sie zu, daß sie sich Gedanken machte wegen möglicher Herzprobleme. Sie ließ regelmäßig ihren Blutdruck kontrollieren, der erstaunlich normal blieb. Und da sie ja nicht genau wußte, bis zu welchem Ausmaß ihr Körper bereit war, sich auszudehnen, hatte sie sich vor einiger Zeit schon auferlegt, ohne die ganz schlimmen Sachen wie Zucker und Fett auszukommen. Dieses Wissen und ihre Disziplin gaben ihr das Selbstvertrauen, so engagiert ihre Meinung zu vertreten. Manchmal allerdings fühlte sie sich wie eine Heuchlerin.

Kaum zwei Menschen hätten in Aussehen und Temperament unterschiedlicher sein können als Opokuya und Esi. Trotzdem verstanden sie sich sehr gut. Sie waren schon so lange befreundet und standen sich so nahe, daß sich sogar ihre Mütter zueinander verhielten wie Freundinnen und Schwestern, obwohl sie in ganz unterschiedlichen Landesteilen lebten.

Opokuya und Kubi hatten sich in ihrer Zeit als Schwesternschülerin kennengelernt, und sie hatten geheiratet, als sie ihre Ausbildung beendet hatte. Hebamme war sie erst später geworden.

Ihr ältestes Kind, ein Mädchen, war nur ein bißchen jünger als das erste Diplom ihrer Mutter. Sie und das zweite Kind, ein Junge, waren im Internat auf der höheren Schule. Die beiden jüngsten, ebenfalls Jungen, gingen noch in die Grundschule und lebten bei ihren Eltern.

Opokuya und Kubi wohnten auf Sweet Breezes Hill. In der Kolonialzeit war dies eine der vornehmsten Wohngegenden gewesen. Sie lebten in dem alten kolonialen Bungalow des damaligen Landvermessers aus den dreißiger Jahren, und Opokuya war sich stets der verschiedenen Geister, die das Haus mitbewohnten, bewußt. Da gab es den des ersten Landvermessers, der wahrscheinlich den Hügel als eine Gegend ausgewählt hatte, die sich am besten als Wohnort für englische Beamte eignete, die in diese moskitoverseuchten Gegenden geschickt wurden, um das Territorium im Namen Ihrer Königlichen Majestät zu verwalten und die Eingeborenen zu zivilisieren. Diese Eingeborenen, sowohl die von der Küste am Golf von Guinea als auch die im Landesinneren, hatten den Ruf, zu den wildesten und unbezähmbarsten des gesamten britischen Empire zu gehören. Warum das so war, wußte man nicht, aber es war so. Mit der Zeit war eine beträchtliche Anzahl von Engländern zusammen mit ihren Frauen angekommen. Sie wohnten dicht beieinander, so war es für sie leichter, die Eingeborenen mit dem Gewehr, die Moskitos mit Alkohol und die generelle Langeweile mit Frauen zu bekämpfen. Sowohl den Alkohol als auch die Frauen konnten sie natürlich jederzeit von »zu Hause« importieren. Doch schon bald fanden sie für beides passenden Ersatz vor Ort. Schließlich verboten sie den einheimischen Schnaps, um die Eingeborenen zu zwingen, teuren englischen Gin und schottischen Whisky zu kaufen, was sie aber nicht daran hinderte, sich weiterhin der einheimischen Frauen zu bedienen.

Auch andere Geister bewohnten das Haus der Dakwas, die ihnen vielleicht verwandter waren. Obwohl Opokuya manchmal bezweifelte, ob diese ihnen wohlgesonnener waren, nur weil sie afrikanisch waren.

»Es liegt an ihnen«, murmelte sie vor sich hin.

»Du führst doch nicht etwa Selbstgespräche?« sagte Kubi, als er nach dem Frühstück wieder ins Schlafzimmer kam.

»Oh, hast du mich erschreckt«, protestierte Opokuya. »Aber ich glaube, ich habe wirklich mit mir selbst gesprochen«, gab sie zu.

»Und was hast du jetzt schon wieder für ein Problem?« Kubi reagierte ziemlich empfindlich auf Opokuyas Stimmungen.

»Ich weiß nicht genau. Jedenfalls glaube ich, meine gelegentlichen Selbstgespräche haben überhaupt nichts mit dem zu tun, was du als ›mein Problem‹ bezeichnest.«

»Und was hast du heute morgen?« beharrte Kubi.

»Vermutlich das gleiche wie gestern.«

»Und das wäre?«

»Wie wir uns über die Benutzung des Autos einigen.«

Jetzt war's heraus. Weil Opokuya wußte, daß es eines der wenigen Gebiete war, auf denen es Reibereien gab in ihrer ansonsten guten Ehe, haßte sie es, davon anzufangen. Doch war sie dazu gezwungen: jeden Morgen. Eigentlich sahen sie beide das Problem der Autobenutzung als »sehr einfach« an. Kubi glaubte, daß er genau wie seine Kollegen im öffentlichen Dienst und alle Beamten generell in der Lage sein sollte, in seinem Auto zu seinem Arbeitsplatz zu fahren. Zumal der Staat das Benzin bezahlte und auch für den Unterhalt aufkam, und außerdem gab es bei den meisten Ämtern immer einen Parkplatz, eigens reserviert für das Auto des Beamten. Er war der Überzeugung, daß dort sein Auto auch den ganzen Tag über stehen sollte. Er fuhr dann gegen halb eins zum Mittagessen nach Hause und gegen viertel vor zwei zurück, um es dort für den Rest des Nachmittags stehenzulassen, bis er am Feierabend wieder nach Hause fuhr. Und immer, wenn er für einen Tag dienstlich verreiste, bestand er darauf, daß das Auto den ganzen Tag an seinem Platz stand, bis er aus dem Busch oder von wo auch immer zurückkam, um es am Abend nach Hause zu chauffieren. Opokuya sollte eben den Krankenhausbus nehmen.

Opokuya fand das absolut lächerlich, ja irrsinnig. Ein Auto ist da, um benutzt zu werden. Wie sollte sie den ganzen Tag arbeiten, noch dazu in diesem Beruf, und sich gleichzeitig um eine so große Familie kümmern ohne eigene Transportmöglichkeit? War er sich eigentlich im klaren darüber, wie viele Wege zu erledigen waren, wenn man vier heranwachsende Kinder ernähren und kleiden mußte?

»Das ist eine Frage der Ethik.«

»Waaas?«

»Ja, das ist eine Frage der Ethik.«

»Was heißt hier Ethik? Es geht um den gesunden Menschenverstand.«

»Was verstehst du unter gesundem Menschenverstand? Willst du mich beleidigen? Ich kassiere den vollen Zuschuß für das Auto. Soll ich dich damit jeden Tag zum Markt fahren lassen?«

»Aber ...«

»Glaubst du, nur weil alle das machen, sollten wir es auch tun?«

»Bitte, Kubi, hör mir doch zu. Ich will dich nicht beleidigen. Und du weißt genau, daß es mir nicht darum geht, daß du mich überall auf Staatskosten mit dem Auto herumfahren lassen sollst ...«

»Worum geht es dir dann?«

»Wenn du mich nur einmal ausreden lassen würdest. Bitte, verzichte auf den Zuschuß für das Auto ...«

»Wie bitte? Was für eine Idee! Ich bin ein höherer Beamter. Das Geld für das Auto steht mir zusätzlich zu meinem Gehalt zu.«

»Also, was ich sagen will, ist folgendes: Da ich das Auto brauche, um mich ordentlich um die Familie kümmern zu können, möchte ich dich bitten, auf diese Zulage zu verzichten. Mit deinem und meinem Gehalt könnten wir es uns leisten, für den Unterhalt des Wagens selbst aufzukommen. Dann bräuchten wir kein schlechtes Gewissen mehr zu haben, wenn ich damit fahre.«

»Du tust immer so, als wärst du die einzige weit und breit, die Geld verdient.«

»Oh«, sagt sie jetzt mit all der Zuneigung in der Stimme, die sie für ihren Mann empfand, »jetzt bist du aber unfair. Du weißt genau, ich rede nicht vom Geld. Ich rede nur von dem Eiertanz, den ich jeden Tag veranstalten muß, um alles am Laufen zu halten.«

Immer, wenn sich Opokuya über das »unvernünftige Verhalten« ihres Mannes beim Thema Auto gegenüber ihren Kolleginnen beschwerte, nickten diese verständnisvoll, hinter ihrem Rücken aber lachten sie sie aus. Ihrer Meinung nach war es Opokuya, die unvernünftig oder verrückt war. Sie hatte ja keine Ahnung. Sie sollte sich mal die Geschichten der Frauen anhören, die für Autos zahlten, die dann ausschließlich ihre Männer benutzten. Manchmal nur, um mit ihren Freundinnen in der Stadt herumzufahren.

Und alle Welt schaute zu.
Alle konnten sie sehen.
Und manchmal nahmen sie
ihre Frau nicht einmal mit,
wenn sie zufällig an ihr vorbeifuhren.

»Opokuya ist einfach verwöhnt.«

»Sie ist wirklich verwöhnt.«

Opokuya wußte nicht, daß man sie für verwöhnt hielt. Sie fühlte sich jedenfalls nicht verwöhnt. Jeden Morgen endete der Streit damit, daß einer nachgab. Der Sieger durfte das Auto behalten. Wenn Kubi gewonnen hatte, was meistens der Fall war, setzte er Opokuya am Krankenhaus ab und fuhr weiter, dabei pfiff er den ganzen Weg bis zu seinem Arbeitsplatz in den Verwaltungsgebäuden. Gewann Opokuya, ließ sie Kubi vor seinem

Büro aussteigen und fuhr weiter, dabei summte sie den ganzen Weg bis zum Krankenhaus. Sobald sie einen guten Parkplatz gefunden hatte, blieb sie noch einen Moment im Auto sitzen, ging im Geiste den Tag durch und machte rasch eine Liste. Dabei war ihr immer bewußt, daß sie selbst in einer ganzen Woche mit Auto keine Chance hatte, auch nur die Hälfte dessen, was sie sich für den Tag vorgenommen hatte, zu schaffen. Nichtsdestotrotz listete sie alles auf.

In einem Bereich zumindest hatten sie keine Sorgen. Sie hatten recht früh eine Entscheidung getroffen und sich nicht angewöhnt, ihre Kinder in die Schule zu fahren oder abzuholen. Sie hatten das nur getan, solange die Kinder in der Krippe oder im Kindergarten waren. Danach nicht mehr. Ihre Kinder fuhren täglich mit dem Bus, so wie die meisten anderen Kinder aus der Nachbarschaft. Es war etwas anderes, wenn die Busse liegenblieben, was leider ziemlich oft vorkam. Dann fuhren sie ihre Kinder zur Schule und holten sie auch wieder ab.

»Also, was mußt du heute unbedingt erledigen?« fragte Kubi mit seiner »Ich-versuche-vernünftig-zu-sein-und-du-solltest-es-auch-versuchen«-Stimme. Opokuya biß nicht an.

»Kubi, du weißt genau, daß es mindestens ein Dutzend Dinge gibt, die ich ›unbedingt‹ heute erledigen muß«, antwortete sie mit ihrer »Heute-morgen-habe-ich-keine-Zeit-einen-erwachsenen - Mann - wie - einen - verwöhnten - kleinen - Jungen - zu - behandeln«-Stimme.

»Opokuya, nenn mir nur einen einzigen«, forderte er sie auf.

Opokuya beschloß nachzugeben und sagte geduldig: »Erinnerst du dich, daß wir vereinbart haben, daß ich die Kinder zu deiner Schwester bringe, wenn ich meine Mutter besuche?«

»Ja«, stimmte Kubi zu, war aber auf der Hut.

»Also, ich kann nicht einfach die Kinder an dem Tag bei ihr abliefern, an dem ich fahre. Das wäre nicht in Ordnung, auch wenn Connie die vernünftigste von all deinen Schwestern ist. Wir müssen ihr vorher Bescheid geben.«

»Hmm«, Kubi wurde noch vorsichtiger. Abgesehen davon, daß er es gar nicht nötig fand, daß sie ihre Mutter besuchte, hatte er in all den Jahren mit einer klugen Frau zu Hause und einer ganzen Reihe von ziemlich dummen Vorgesetzten an seinem Arbeitsplatz gelernt, in einer Auseinandersetzung nicht alles für bare Münze zu nehmen.

»Siehst du«, fuhr Opokuya fort, »ich dachte, ich könnte heute das Auto nehmen und auf dem Rückweg vom Krankenhaus bei ihr vorbeifahren, um alles mit ihr zu besprechen.«

Kubi entspannte sich. Heute konnte er gewinnen. Er würde gewinnen. Opokuya würde nächste Woche ihren Resturlaub nehmen, und den größten Teil der freien Zeit wollte sie damit verbringen, ihre Familie zu besuchen. Aber zwischen heute und ihrem ersten freien Tag lag mindestens eine Woche, in der es nichts gab, was sie nicht auch dann erledigen konnte, wenn sie ehrlich war. Mit oder ohne Auto: auch was den Besuch bei der Schwester betraf, um sie zu fragen, ob sie die Kinder nehmen könnte ...

»Hör mal, ich glaube, ich bin schon fast zu spät für unsere Haushaltssitzung heute morgen.«

Opokuya wußte, daß sie verloren hatte, und es hatte auch keinen Zweck, ihn zu fragen, wie es kam, daß das Landesvermessungsamt jeden Morgen jede Woche eine Sitzung wegen des Haushalts hatte. Ohne ein weiteres Wort nahm sie ihre Handtasche und ihren Einkaufskorb und setzte sich ins Auto. Nachdem Kubi ausgiebig den Luftdruck der Reifen und den Wasserstand geprüft hatte, setzte er sich hinter das Steuer. Während der gut vier Kilometer langen Strecke vom Sweet Breezes Hill zum Stadtkrankenhaus sprachen sie kein Wort. Das war ein weiteres typisches Verhalten zwischen ihnen, wenn sie das Spiel mit dem Auto verloren hatte. Da sie kein Gespräch anfing und er sich sicher war, daß sie es nicht aufnehmen würde, wenn er eines beginnen würde, schwiegen sie beide.

Als er am Krankenhaustor hielt, fragte er ein wenig schuldbewußt: »Wir sehen uns heute abend zu Hause?«

»Nein«, fuhr sie ihn an, »ich fahre nicht mit dem Krankenhausbus nach Hause. Irgendwie komme ich schon zu deiner Schwester.«

»Soll ich dich dort abholen?«

»Mach dir keine Umstände«, sagte sie und hatte große Mühe, ihre Wut zu unterdrücken. »Du weißt, es ist weit draußen. Und du wirst sehr müde sein nach dieser anstrengenden Sitzung.«

»Wie willst du denn nach Hause kommen?« sagte Kubi, jetzt ernsthaft schuldbewußt, was Opokuyas Aufmerksamkeit nicht entging.

»Ich könnte mit dem Bus in die Stadt fahren und im Twentieth Century Hotel auf dich warten ...«

»Okay«, sagte Kubi. Er haßte es, nach der Arbeit noch in die Stadt fahren zu müssen. Aber es war ihm klar, daß er ein paar Zugeständnisse machen mußte.

»So gegen halb sechs«, erinnerte ihn Opokuya. Sie wußten beide, was gemeint war.

Opokuya war bereits ausgestiegen. Den letzten Teil des Gesprächs hatte sie schon mit der Autotür in der Hand geführt, jederzeit bereit, sie zuzuschlagen. Jetzt machte sie diese zu, drehte sich um und ging in Richtung Krankenhaus. Kubi setzte zurück, wendete, bog nach rechts ab und fuhr davon. Er befand sich auf seinem Weg zur Arbeit. Pfeifend, natürlich.

Tierno Monénembo
Guinea

Foto: Karin Gruß

Entwurzelte, entfremdete Individuen spielen im Werk Tierno Monénembos eine zentrale Rolle. Abidjan, die Metropole der Elfenbeinküste und Schauplatz seines Romans »Zahltag in Abidjan«, ist für die Exilanten aus Guinea ein weiterer Ort der Entfremdung, der Heimatlosigkeit, selbst wenn sie dort vorübergehend Zuflucht gefunden haben mögen. Auf eine eher heiter-ironische Weise variiert Monénembo dieses Thema in seinem Roman »Cinema«, der sich der liebevollen Erinnerung an Kindheit und Kino verdankt und in dessen Mittelpunkt der kleine Binguel steht. Wie für seine Altersgenossen in anderen Ländern oder Kontinenten ist ihm die Welt des Kinos, der Wilde Westen der Cowboys, wichtiger als die Realität, in der er lebt, die Kleinstadt im nördlichen Guinea der fünfziger Jahre. Neben der Kinowelt im Kopf haben Familie und Schule nur noch wenig Platz. Auch die großen geschichtlichen Ereignisse um die Konfrontation zwischen General de Gaulle und Guineas Führer Sekou Touré über die Unabhängigkeit des Landes scheinen Binguel kaum zu tangieren. Am Ende einer spannenden und ironisch-humorvollen Geschichte ist er nicht nur im Kino ein Held.

Tierno Monénembo (* 1947 in Guinea) fand bereits mit seinem ersten Roman in Frankreich viel Anerkennung. Nach vielen Jahren als Student und Hochschullehrer in der Elfenbeinküste,

Algerien, Marokko und Brasilien lebt er heute als Autor in Frankreich.

Cinema (Cinéma, 1996). Roman. Aus dem Französischen von Karin Boden und Monique Lütgens. Hammer: Wuppertal 1999.
Zahltag in Abidjan (Un attiéké pour Elgass, 1993). Roman. Aus dem Französischen von Gunhild Niggestich und Gudrun Honke. Hammer: Wuppertal 1996.
Pelourinho. Roman. Seuil: Paris 1995.
Un rêve utile. Roman. Seuil: Paris 1991.
Les écailles du ciel. Roman. Seuil: Paris 1986.
Les crapauds-brousse. Roman. Seuil: Paris 1979.

Tierno Monénembo
Freunde gehen ins Kino

Ich erinnere mich, daß Benté einen alten Almanach in der Hand hielt, auf dem ich, aufgereiht in vier breiten Spalten, die Porträts der neuen Abgeordneten erkennen konnte. Infolge des Rahmengesetzes von Gaston Defferre war gerade die neue Territorialversammlung von Französisch-Guinea gewählt worden, es war jedoch schon von Unabhängigkeit die Rede. Er warf flüchtige Blicke darauf und machte seine Witze über die Krawatte des einen, die Visage eines anderen, den Wanst eines dritten.

Sein Ansehen war noch ungebrochen. Mir gefielen sein finsterer Blick und die unheimliche Ruhe, die er ausstrahlte. Ich betrachtete die beiden mit großen Kinderaugen und sagte mir, daß angesichts solcher Wunderknaben alles andere ziemlich unwichtig sei. Ich wäre ihnen am liebsten um den Hals gefallen. Endlich traten meine Helden aus dem feuchten Kinosaal von Seïny-Bôwal heraus und standen leibhaftig vor mir. So war ich ziemlich überrascht, als Benté sich an mich wandte: »Willst du einen Kaugummi, Kleiner?«

Wortlos nahm ich den Kaugummi, und wenn ich mich recht erinnere, bedankte ich mich nicht einmal. Vermutlich konnte er an meinem Gesicht ablesen, wie glücklich er mich gemacht hatte.

Er faltete den alten Almanach zusammen, zerriß ihn mit den Zähnen und kaute so lange darauf herum, bis eine Kugel entstand, die er in den Rinnstein spuckte:

»Scheiße! Wenn die Unabhängigkeit kommt, werfen wir euch alle ins Loch, ihr Krawatten-Bananen-Abgeordneten! Was hältst du davon, Kleiner?«

Ardo bemerkte, wie verblüfft ich war, und kam mir rasch zu Hilfe: »Von mir aus gern, vorausgesetzt, es wird erst einmal aussortiert. Die Schlechten befördere ich höchstpersönlich mit einem Tritt in den Arsch ins Loch. Und die Schlechten, wer anders könnte das sein als die Pfeile, diese Halunken? Die Elefanten aufs Podium und die Pfeile ins Höllenfeuer! Vorausgesetzt, alle sind sich vorher einig, gegen den General zu stimmen.«

Die Elefanten (ihr Emblem war ein rührender Dickhäuter, das ihrer Gegner hingegen drei kleine, parallele Bambuspfeile) zählten zu den glühendsten Anhängern der Unabhängigkeit, unter ihnen Koto-Kouyaté, der Chauffeur des Bürgermeisters, Youla, der Tischler, Bah, der Bäcker, und selbstverständlich auch Freund Ardo.

»Da haben wir's, jetzt hat er eine passende Gelegenheit gefunden, mir mit seiner Scheißpolitik auf den Geist zu gehen, dieser hochmütige zahnlose Kolla!« gab Benté zurück. »Nein, du Vollidiot, ich hab das bloß zum Spaß gesagt, wir wollen doch nicht die ganze Nacht damit zubringen!«

»Und wer, Sheriff aus der südlichen Savanne, wer soll das sein, der von dir erwähnte Zahnlose?« erwiderte Ardo und ließ seine ganze Schuhputzerausrüstung fallen, um über Benté herzufallen.

Sie wälzten sich auf der Treppe und taten so, als versetzten sie sich gegenseitig jede Menge Dolchstöße. Als sie wieder auf den Füßen standen, drehte Ardo Bentés linken Arm auf den Rücken und hielt ihn so in Schach.

»So, jetzt wirst du mir ein für allemal sagen, auf wessen Seite du stehst: Pfeil oder Elefant! Bei Elefant laß ich dich los! Bei Pfeil nehme ich mir ein mit Warzenschweinfett eingeriebenes Holzscheit und brenne dir das Auge aus.«

»Elefant natürlich«, stöhnte Benté. »Elefant, sag ich dir doch! Und jetzt laß mich gefälligst los, du Satansbraten!«

Während er sich eine Weile seinen schmerzenden Arm rieb, schimpfte er auf Ardo und seine Buschmanieren: »Ihr, und damit meine ich eure ganze Brut aus Kolla, ihr seid unheilbar und auf ewige Zeiten blöd. Selbst wenn man euch zehn Jahre lang alle Wonnen der Stadt böte, würdet ihr euch doch nur wie Paviane amüsieren und heißen Taro verspeisen. Ach, was für ein Unglück, dem weißen Mann bleibt noch viel zu tun in Afrikas armseligen Gefilden! Und wer ist daran schuld? Leute wie ihr!«

Alles faszinierte mich an den beiden, jede noch so kleine Geste, jedes einzelne Wort. Es war das erste Mal, daß ich auf zwei menschliche Wesen traf, die sich ebenso von ihren Sorgen wie von den Blicken der anderen frei gemacht hatten. Sich vorzustellen, daß Môdy Djinna in genau diesem Moment Oussou wegen der Pleuelstange anbrüllte, die vermutlich auf ihrer letzten Fahrt nach Kolda zu Bruch gegangen war (versteht sich, daß die Welt ohne Pleuelstange nur ein Wrack wäre). In der Moschee sagte Karamoko vielleicht zum siebten Mal die Sure der Gebetshaltung auf, diejenige, die vor zahlreichen Mißgeschicken schützen soll, welche die Erde bedrohen: Politik, Kartenspiele, die Dämonen der Geschäftemacherei, Schulatlanten, die Bar von Sow Béla ... Und Mère-Griefs? Die rülpste gerade oder säuberte sich so lange die Fingernägel, bis ihr Nabob aufkreuzte, ihr Herr und Gebieter, der einzige Mann, bei dem sie meint, ihr beispielloses Satinkleid tragen und pausenlos Lügen erzählen zu müssen über alles, was lebt, bis der Schlaf sie überkommt. Und Néné Goré, sie redete mit Sicherheit wirres Zeug daher oder hustete, falls sie überhaupt noch lebte.

Pfeile, Elefanten! Zu jener Zeit konnten allein sie es sich gestatten, mit diesen beiden Fetischworten um sich zu werfen, ohne dabei neue Brände zu entfachen und das böse Blut des Hasses in die Häuser zu tragen. In einer Ecke des Marktes lagen sich vielleicht gerade zwei Verrückte wegen eines Kilos Nere-Schoten oder irgendeiner unvermutet erschienenen Jungfrau in den Haaren, im festen Glauben, die menschliche Existenz hinge allein davon ab. Und sie, sie hatten nichts anderes zu tun, als Witze zu reißen und sich auf dem Boden herumzubalgen, und dabei scherten sie sich weder um die Zukunft noch um die Blicke der Passanten. Das also ging mir damals durch den Kopf, während Ardo seine Schuhputzarbeit wieder aufnahm und Benté, der sich endlich alles von der Leber geredet hatte, seinen Fuß folgsam auf den kleinen Schemel setzte.

»Ein Liebesfilm ist immer noch besser als eine Politikerrede!«

Er schwieg einen Augenblick, amüsiert, mit welchem Feuereifer Ardo sich darangemacht hatte, sein kostbares Werkzeug in die Aluminiumkiste zu räumen, die er immer bei sich trug.

»Willst du mein Freund sein?«

Er mußte mich unverwandt ansehen, ehe ich begriff, daß ich gemeint war.

»Na, das ist dir wohl unangenehm! Sieh, Ardo, ist er nicht imponierend, dein Kumpel, mit seinen Bata-Sandalen und seiner roten Jacke? Sag mal, wo hast du solche Wunderwerke aufgegabelt?«

»Das ist vielleicht eine Frage!« regte Ardo sich auf. »Du bist garantiert der einzige in der Stadt, der einen Sohn von Môdy Djinna zu gering einschätzt!«

»Was, der Kaufmann?«

»Aber ja, mein Alter!« sagte Ardo, feierlicher als der Papst.

»Also dann?« fragte mich Benté.

»Also dann was?« lautete meine dümmliche Frage.

»Willst du mein Freund sein, ja oder nein?«

»Ich will«, stammelte ich. Weil er mir nicht gleich antwortete, fügte ich nach einem Bruchteil von Sekunden hinzu: »Ganz und gar!«

»Ganz und gar!« rief er aus. »Der Herr liebt Umstandswörter! Einverstanden, ganz und gar!« Und er fuhr mir mit der Hand durch das Haar und tätschelte meine Wange, wobei er wie verrückt lachte. »Wie heißt du?«

»Binguel!«

»Kennst du meinen Namen?«

Ich verneinte, was ihn in die Höhe fahren ließ. Er packte Ardo beim Kragen und zerrte ihn zu mir herüber: »Hast du das gehört, Ardo! Es gibt hier in der Stadt tatsächlich noch Nacktärsche, die nicht wissen, wer ich bin! Verstehst du jetzt, warum ich Lust habe, euch allesamt umzulegen?«

»Das kannst du vor Halbstarken zum besten geben. Für mich bist du nicht viel mehr wert als Kaulquappen aus Loppé.«

»Vor dir, mein kleiner Binguel, steht Oklahoma Kid, der echte. Wenn du schon jemand anderen dieses Namens getroffen hast, vergiß ihn, er kann nur aus Stroh oder Porzellan gewesen sein. Ich würde dich gern mit ins Kino nehmen, wenn sie heute was anderes zeigten als eine dieser Tränengasbomben, die sie Liebesfilm nennen. Aber ich glaube, da mangelt es nicht an Gelegenheiten, jetzt, wo wir Freunde geworden sind. Stimmt's?«

Abdourahman A. Waberi

Djibouti

Seine Geschichten erzählen von einem kleinen Land am östlichen Rand des afrikanischen Kontinents, am Rande des Indischen Ozeans (oder des Golfs von Aden), einem einst französischen Territorium, das in Europa kaum einer kennt: Djibouti. Abdourahman A. Waberi greift auf den großen Schatz von Geschichten und Legenden seiner Heimat zurück. Doch wie er mit dieser Überlieferung umgeht, zeigt sein Talent für die ironische Spielerei, die Brechung, die Spiegelung des Überkommenen in der Form der überraschenden Wendung. Er beherrscht eine Spannbreite von literarischen Stilen, wie sie bisher nur bei wenigen afrikanischen Autoren erkennbar war. Dabei ist er außerordentlich belesen, ohne in die in Europa verbreitete Bildungsbürgerlichkeit zu verfallen, weil er letztlich auch im Verweis auf Angelesenes dem alten Europa einen halb in Scherben zerborstenen Spiegel vorhält. Für seine Erzählungen wurde Abdourahman A. Waberi (* 1965 in Djibouti), der heute im nordfranzösischen Caen lebt, mehrfach mit Literaturpreisen ausgezeichnet. So erhielt er für »Cahier nomade« den Großen Preis Schwarzafrikas 1996.

Die Legende von der Nomadensonne (Cahier nomade / Le pays sans ombre, 1994 / 96). Erzählungen. Aus dem Französischen von Brigitte Kautz. Marino: München 1998.

Balbala. Roman. Le Serpent à Plumes: Paris 1997.
Cahier nomade. Erzählungen. Le Serpent à Plumes: Paris 1996.
Le pays sans ombre. Erzählungen. Le Serpent à Plumes: Paris 1994.

Abdourahman A. Waberi
Bücherfresser und Normalmenschen

In diesem Land, das nicht ganz richtig tickt,
»sind das Vergessen oder der Dämmerzustand die einzigen Garanten für Gelassenheit«.
Rachid Mimouni

(Eine sehr rhythmische, sehr monotone Musik – verzaubernd wie Sufi-Rhythmen – schlägt mich in ihren Bann und belebt mich.)

Während ich die Fulbe (Peuls) in dem Roman »Der Brennende Busch« von Cyprian Ekwensi mit den Somal* in den Werken von Nuruddin Farah, insbesondere in seinem allerersten Roman »Aus einer Rippe gebaut«, vergleiche, klopft es an meine Tür. Ich zögere und hänge weiter meinen Träumereien nach. Abermals Schritte auf dem Gang. Energische Schritte. Jemand will mich holen. Stille … Meine Aufseherin Mariam kommt ohne Vorwarnung herein:

»Immer am Lesen!«

Ich weiß nicht recht, warum, doch in der Stimme meiner Kerkermeisterin höre ich eine Panflöte und eine Trommel, die mich in die Vergangenheit versetzen. Trotzdem reagiere ich und murmele:

»Hm.«

»Noch ein Vorwand zum Nichtstun! Du bist wirklich stinkfaul! Wenn alle Kranken so wären wie du … Gibt's übrigens diesmal was Neues?«

»Ich denke nach – über die Fulbe«, brummele ich.

»Über was?«

»Über die Fulbe. So nennt man die Peuls in einigen afrikanischen Ländern, zum Beispiel in Kamerun und Nigeria.«

* Die Fulbe (Peuls) und Somal sind afrikanische Völker.

»Deine Vorliebe für alles, was weit weg ist, wird dich noch mal zugrunde richten«, droht Mariam, die meine Erklärungen nicht mehr zu beachten scheint.

Hier muß ich sagen, daß sie mir schon lange nicht mehr zuhört. Sie interessiert sich nicht mehr für mich. Für Mariam bin ich nur ein geistesabwesender Bücherwurm: gekrümmter Hals, völlig ausdruckslose, glasige Triefaugen, Kopf in die Seiten eines Buches vergraben. Sie macht einen Unterschied zwischen Leuten wie mir, den geistig Weggetretenen, den Bücherfressern, und den anderen, den gewöhnlichen Normalmenschen. Ganz offensichtlich nimmt sie mich nicht ernst. Ich muß zugeben, es ist auch wirklich schwer, mich ernst zu nehmen. Habe ich vielleicht einen kühlen Kopf, den nüchternen Blick eines Psychoanalytikers, die peinlich exakten Handbewegungen eines Chirurgen oder die demonstrative Sicherheit des Imam beim ersten Gebet des Tages in der Stille des frühen Morgens? Dennoch flöße ich Mariam Angst ein, dieser gewöhnlichen Frau aus einem phantasielosen Land, das vollauf damit beschäftigt ist, die schäbigen Reste einer anderswo begonnenen und dank der bewundernswerten Energie mildtätiger Hehler hierher verbrachten Mahlzeit zu vertilgen. In der Öffentlichkeit triefen unsere Verantwortlichen nur so von Güte, aber bei der Verteilung der von Wohltätigkeitsorganisationen spendierten Schlachtabfälle legen sie die pingeligste Knickrigkeit an den Tag.

Schon seit einer Ewigkeit stellt Mariam mir keine Fragen mehr. Zweifellos hat sie sich in den langen, grauen Korridoren meiner Einbildung verirrt, ist im Vorzimmer meiner wechselnden Wahrnehmungen gescheitert. Resigniert begnügt sie sich nun damit, mir die täglichen häuslichen Verrichtungen zu erleichtern. Sie selbst hat darauf bestanden, mir meine drei Mahlzeiten, meinen Nachttopf und meine Bücher zu bringen. Schweigsam ist sie, schmächtig, nicht greifbar, wie ein Schatten, der vor meinem Fenster kommt und geht, ohne Vorankündigung leise hereinkommt und mich an die Existenz einer Außenwelt erinnern will, an die Präsenz der Normalmenschen, an das Kath, das sie ohne Unterlaß den lieben langen Tag kauen, an ihre Ängste und ihre (falschen) Hoffnungen, an die Habgier der einen und die Schurkerei der anderen, an die auf Lebenszeit zum Schweigen verurteilten Sänger, an die kleinen Strichmädchen, die frech und unverschämt den alten Huren mit den von Elend und Hitze faltig gewordenen Hinterteilen die Schau stehlen … Mariam teilt mir mit, daß bei Einbruch der Nacht Hornissen die Halbinsel überfallen werden …

Die Normalmenschen sind beunruhigt wie Ameisen, die in ihre Ameisenhaufen eingesperrt sind, wobei diese Ameisenhaufen wiederum in der Tiefe eines weißglühenden, unaufhörlich von den hinkenden Wellen eines Flammenmeeres heimgesuchten Kraters versteckt sind. Die Normalmenschen verschmähen die Produkte des heiligen Meeres. Kein Volk hat es gewagt, die Götter des jodhaltigen Wassers zu beleidigen! Wohlgemerkt: Sie kommen aus eigenem Antrieb, sich zu unterwerfen, Verzeihung zu erflehen, ein paar Sardinen zu erbetteln und sich an den Stränden zu sielen, die bisher für durchreisende Ausländer, Staatenlose, ewige Juden und müßige Arbeitslose reserviert waren. Ich sehe sie von meinem Fenster aus.

Trunken von der Gewißheit, daß die Verzweiflung unendlich groß ist, lassen die Normalmenschen die Zeit über ihren Körper hinweggehen. Man kann zusehen, wie die Zeit über sie hinweggeht und dabei tiefe Spuren in ihnen hinterläßt. Denn sie sind zerbrechlich unter ihren perfekten Masken. Hier wird das Leben mehr durcheinandergeschüttelt als anderswo, die Erdrinde ist in höchstem Maße brüchig, und die Hoffnung ist wahrhaft bedroht.

Von alldem versteht Mariam, meine Aufseherin, nichts. Sie hat ein gutes Herz und ein schlichtes Gemüt und glaubt wie alle anderen Normalmenschen, daß die Sonne hinter den Bergen, die die Zitadelle umzingeln, auf- und untergeht. Mariam versteht sich nur auf praktische, alltägliche Aufgaben: Gestern mußten die Schafe ins Viehgatter herein- und dann wieder von dort herausgetrieben, die Kühe gemolken, die Männer befriedigt werden. Heute muß für den ganzen Clan gekocht werden, es gibt unendlich viele Laufereien, dazu meine Beaufsichtigung, wieder sind Männer zu befriedigen und dann die Manen zu feiern. Obendrein (!) muß sie noch die schlechte Laune und die sprichwörtliche Undankbarkeit der Normalmenschen, die lasterhaften Blicke der Allerältesten und die Zudringlichkeit der Allerfrechsten wegstecken.

Gefangene ihres Geschlechts, gefügiger denn je, ist Mariam vor meinen Augen wieder und wieder von wild erregten Normalmännern in fieberhafter Hast genommen worden, die ihre leder- und honigfarbenen Schenkel mit einem Strahl glibbrigen Spermas beschmutzten. Diese Sudler erleichtern sich auf die Schnelle und überlassen dann ihren Platz einem Kumpel, der es genauso eilig hat – es sei denn, er ist gewissermaßen impotent und läßt einem bartlosen Jüngelchen den Vortritt, das keine Ahnung von den Geheimnissen des Sex hat. Ich aber, der Eingesperrte, bin hin- und hergerissen zwischen der Sympathie für meine Wärterin und dem heftig pulsierenden Verlangen des erfahrenen Voyeurs.

Wie Sie feststellen konnten, wird bei den Normalmenschen alles in der Gruppe und in größter Hast verrichtet. Ein bißchen wie bei den Ameisen, allerdings ohne deren Umsicht und Fleiß.

Ich lache mir ins Fäustchen. Man bedenke: Sie behandeln mich höchst rücksichtsvoll, nehmen an meinem Schicksal großen Anteil und tragen bei den wenigen Malen, da sie mir auf der Straße begegnen, aufrichtiges Mitleid zur Schau. Manche sind bei meinem Anblick fassungslos, ja sogar verängstigt, andere wechseln unauffällig die Straßenseite. In meine Träumereien versunken oder in ein Telefongespräch mit dem Großen Anderswo vertieft, habe ich kein einziges Wort für sie, nicht einmal ein Lächeln oder eine Geste der Begrüßung. Ich lege gar keinen Wert auf ihr Mitleid für meine Wenigkeit; aber auch ihre Abneigung ist mir absolut gleichgültig. Doch ein Gedanke hat von mir Besitz ergriffen: Bin ich – in ihren Augen – nicht unheilbar verrückt? Ist Mariam nicht meine Gefangene? Ist sie vielleicht schlicht und einfach eine Ausgeburt meiner Phantasie? Bin ich vielleicht der einzige, der im Land der Normalmenschen noch träumen mag?

Und überhaupt: Wer bin ich?

Abdourahman A. Waberi
Jede macht es durch

»Schreiben ist: das Fleischliche ruchbar machen.«
Saint-John Perse

Die Niedertracht des Lebens auf Erden hat es mir nicht ermöglicht, so zu leben, wie ich es gewünscht hätte. Und niemand hat mir sein Leben geliehen, sei es auch nur für ein Stündchen, die Zeit, um einen Heimathafen zu finden. An dem Tag, da jener Fremde zu uns kam, habe ich ihn als erste gesehen, und ich hatte ein Anrecht auf sein erstes Lächeln im Viertel. Meine Nachbarin, dieses Aas!, hatte einen Blick auf ihn geworfen und gesagt, daß schon allein durch sein Lächeln Blumen auf unseren Latrinen wachsen würden. Ich hatte dumm gelacht, und sie machte in dieser Tonart immer weiter, als wollte sie mir damit eine Freude bereiten. Alles, was sie über den Fremden sagte, war ausschließlich an meine Adresse gerichtet, zumindest glaubte ich das. Ich war die privilegierte Empfängerin, an die sie vertraulich und exklusiv ihre säuerlichen Botschaften richtete: »Feuer im Hintern und Pulver in den Augen – da riskierst du auszuflippen!« hatte sie losgeprustet, bestimmt, um mich ein bißchen zu provozieren. Sie hatte eine Art zu lachen, die die Männer kahl werden ließ und deren Geheimnis sie allein kannte. Die Seele im Eimer, das Herz auf Eis, so lernte ich, mir die Tränen über mein Sklavinnenlos zu verbeißen. Die Welt war schließlich voller unglücklicher Frauen, die eine Zeitlang den Traum von der glücklichen Ehe geträumt hatten. Ich aber hatte den Egoismus meiner Jugend, oder anders gesagt: Nichts verdiente meine Aufmerksamkeit mehr als ich selbst! Die Roheit der Männer kennt man ja; sie mißbrauchen uns, und zwar in jedem Alter. Uns bleibt nichts als unsere Stimme, die Schreie und der Schleier, den wir tragen müssen (oder das Kreuz).

Es ist meine erklärte Absicht, mit der Mystifizierung des Schwanzes der Männer aufzuräumen, ich sage es ganz offen –

das ist mein Programm. Ich versuche aufzuzeigen, daß es diese Mystifizierung nicht zu allen Zeiten gegeben hat, vor allem nicht in früheren Zeiten, in denen beispielsweise das Tabu der Jungfräulichkeit nicht so verbreitet war. Was wir heute zu ertragen haben, ist ein zur Ewigkeit ausgedehnter Unglückstag. Weder Gebete noch Unterwerfung, weder Predigten noch Erniedrigung würden ausreichen, um die Last der männlichen Allmacht von uns zu nehmen – was sage ich! –, sie uns auch nur für wenige Augenblicke vergessen zu lassen. Die Dulzinea ist Königin für eine Nacht, danach ist sie im Ehebett arbeitslos, und für den Rest ihrer Tage bleibt ihr nichts als ihre schönen Augen zum Weinen und das schale Wasser der Erinnerung: »Ein Edelstein, dessen Glanz durch die Härte und Schlechtigkeit des Lebens verblaßt« – so lautet ein männliches Klischee. Und am Ende die Dunkelheit eines Grabes in einer gesonderten Ecke des Friedhofs, denn die Frauen haben nicht das Recht – nicht einmal nach dem Leben! –, unter den Männern zu wohnen; diese allein haben Anspruch auf die Bezeichnung »Mensch« und auf den Status eines Menschen. Für uns ticken die Uhren schneller als für die Männer. Für uns gibt es auf Erden keine melodische Symphonie. Uns bleiben nur die Farben des Schmerzes und die Palette der Angst. Heißt es nicht bei den Nomaden, ein Kameljunges, das drei Regenzeiten übersteht, kann sich glücklicher schätzen als eine junge Ehefrau? Sobald wir die ersten weißen Fäden entdecken, werden sie schnell unter den anderen Haaren versteckt. Unsere Schläfen werden rascher und unweigerlicher weiß als die der Männer – damit diese uns schneller verstoßen können! Die Angst, die aus unseren Bäuchen quillt, wird immer stärker. Das ungewisse Morgen säumt die Gestade unseres Alltags; das Heute und das Morgen vereinen sich zu einer Kette von Mißerfolgen, zu einer endlosen Reihe von Enttäuschungen. Blindlings stolpern wir durch die Tage, die uns Gott in seiner grenzenlosen Güte gewährt. Vom Mutterschoß bis ins Grab – unter dem alles überspannenden Firmament regiert immer der Mann mit einem breiten, durch nichts zu verdüsternden Grinsen. Geplagte Mütter, verstoßene Ehefrauen, einsame Witwen, verdrängte Begierden, aufgeschobene Freuden – der ganze Bettel, und dazu noch eine Schar lärmender Gören. Schweigende Seelen stehen gegen fanatische Herzen. Land verborgener, mißbrauchter, überwachter, beschnittener Frauen.

Ein Zyklon hat die Stadt verwüstet und alle Menschen trübsinnig gemacht. Man hält mir vor, ich hätte »Der Weiblichkeitswahn« von Betty Friedan und »Die Frauen von Algier in ihren Wohnungen« der Algerierin Assia Djebar gelesen, und ich hätte Wind bekommen von Angela Davis, Simone de Beauvoir oder Angela Carter. Was kann dieser Rosenkranz ausländischer Namen wohl bei mir wachrufen? Im Vertrauen gesagt: Ich habe auch »Aqoondarro Wa Uu Nacab Jacayl« des Somali Farah M. J. Cawl, »Die Verstoßung« des Algeriers Rachid Boudjedra und »Frauen im Krieg« des Nigerianers Chinua Achebe gelesen – na und? Ich habe festgestellt, wie unehrlich die schreibenden Männer sind, die bedauernd über das verpfuschte Leben der Frauen in ihrem Land seufzen und gleichzeitig schlecht darüber reden. Da ziehe ich allemal die leidenschaftlichen Worte der Schriftstellerinnen vor, die eben nicht vernünftig sind, sondern schreien und heulen. Ja, die Gemeinheit der Männer! werden Sie mir sagen. Immer wenn ich eine Skizze meines eigenen haltlosen Lebens zu Papier zu bringen versuche, zerknülle ich sie und werfe sie in den Mülleimer, der schon gefüllt ist mit den Berichten meiner Schwestern, die zuschanden geritten werden von den Horden einträchtig unter der Fuchtel ihrer Väter handelnder Brüder. Und glauben Sie mir: Ich bin keine hysterische Jungfrau, kein mystisches Opfer. Ich bewahre die Erinnerung an die Fruchtblase, die mit unwiderruflicher Heftigkeit platzt, um uns in die Welt der Lebenden hinauszuschleudern. Die Vulkanausbrüche und das heftige Erdbeben, die damit einhergehen, sind dazu bestimmt, uns für immer an diesen ersten traumatischen Schock zu erinnern.

Hier hat die Schönheit ein Gesicht: Sie muß den Hals einer Gazelle und makellos weiße Zähne haben, die etwas auseinanderstehen. Hier – das ist Djibouti, mein untüchtiges Land, mein verworrener Plan, meine leichtsinnige Leidenschaft, diese Stadt – einst so weiß wie eine Steinkoralle –, in der alle Mythologien einen Zwischenstop einlegten, bevor sie kurz darauf Schiffbruch erlitten. Diese Stadt, in der dumpfe Wut gärt und keimt. Ich bin das Ebenbild dieser Stadt mit ihrem schrundigen Gesicht, deren Klimaanlagen wie dicke Warzen aus ihrem Rücken sprießen. Meine Leidenschaft ist ein schlechtes Aquarell: Ein Gedränge von kleinen Blech- und Holzhäusern, das von gewundenen, schmutzigen Straßen durchschnitten wird. Schlimmer noch: Ein Stilleben unter einer gnadenlos brennenden Sonne, die sogar den Kamelen das Koppen austreibt, einer Sonne, die den Lebensfaden aller Kreatur durchtrennt. Eine Herde Wolken, eine Kaktusfeige oder eine andere Kaktee, tapfere Ritter der Wüste, eilen den Insekten zu Hilfe. Struppiges, durstiges Gesträuch, Wassermangel, dürftige Belaubung. Und ich, die Gevatterin Löwin, durchmesse die Savanne mit großen Schritten, um dem Kerker der Brüder der Finsternis zu entkommen. Zu meinen sexuellen Liebesmahlen lade ich alle Kreaturen, die meinen Weg kreuzen, und ich rede mit ihnen in der Sprache der Kindheit, der jeder Pomp zuwider ist. Es ist wie ein Responsorium, das um die Wette skandiert wird: Von überall her hallt mein Name wider. Gekleidet in reine Redlichkeit und weißes Baumwollzeug wie jede stolze Amazone, durchfurche ich die Flure meiner Vergangenheit; einige habe ich schon erfaßt. An Ihnen ist es, mir jetzt zu sagen, ob ich meine Aufgabe verfehlt habe. An Ihnen ist es – je nach Stimmung und Erfahrung –, diese Erzählung zu bedenken oder mir zu verdenken.

In meinem Eckchen feile ich geduldig an meinem Vorhaben. Der Aufruhr des Fleisches, seine Häufigkeit und seine intime Geographie haben mich immer angezogen. Unter Qualen, gewiß, doch freiwillig und jederzeit, gestehe ich meine unheilbare Schwäche für Männer jeden Alters und jeder Herkunft. Wie ein Windstoß gerben sie mir das Gesicht: Viele Winde aus gegensätzlichen Richtungen – Verlangen nach Aufruhr, Schweigen und Unterwerfung – halten mich gefangen. So taumele ich von einem Wirbel in den nächsten, von einem Besuchszimmer ins nächste, von einer Suche in die nächste, von einer Verfinsterung in die nächste. Alles, was ich suche, ist da: Durst, Lust, Erregung. All die kleinen Dinge, die einen vibrieren lassen. Ich versuche, die Freiheit zu zähmen – es tut zumindest gut, es zu versuchen.

Allmählich lerne ich, meine Saiten zum Klingen zu bringen, so daß die anderen sich an mir erfreuen, sich an meinem Honig satt trinken können. Ich glaube, daß ich den Finger auf etwas sehr Berührendes und Intimes, sehr Tiefes und zugleich sehr Gefährliches gelegt habe. Immer möchte ich diese kühne musikalische Sprache sprechen, damit ich den Eindruck haben kann, wenn schon nicht nützlich zu sein, so doch wenigstens die ängstliche Mehrheit zu ärgern. Ist es übertrieben, von meinem Leben zu sagen, daß es Hoffnung ist und Verzweiflung und die Atemlosigkeit, die vor der Ziellinie und dem Sieg kommt? Nomadin bin ich und dennoch (o ja!) auf der Suche nach dem Mutterhaus, nach der gemeinsamen Sprache. Enterbt, vom Leben verschlissen, zu früh zerstückelt, zu schnell zugenäht, dann verlassen, verstoßen, penetriert, um erneut zugenäht zu werden, zum ehelichen Lager zurückgeführt, trösten wir Frauen uns wie ich mit Liebesabenteuern zwischen Fluß und Felsen. Ich vertraue dem verräterischen, stechenden Schmerz im Morgengrauen nicht mehr. Auf immer beschnitten, trage ich in meinem Fleisch die Dornen des Busches. Ich habe eine zarte Haut und gelte als eine Brücke direkt über der Erde. Manche Männer leihen mich kostenlos aus und benutzen meinen Uterus für ihre egoistische Lust. Vor diesen Vandalen fliehe ich und finde Zuflucht auf dem Kinderfriedhof … Kaktussaft zur Desinfektion der Schnittwunde, die weiche Öffnung, Dornen, um das zuckende Fleisch zusammenzuhalten und für eine schöne Wölbung dieser Gegend des Körpers zu sorgen. Jetzt ist mein Ding glatt wie die Innenfläche einer Hand. Das Fleisch zwischen meinen Schenkeln ist rasiert. Ich habe dem Stamm meinen Tribut gezollt. Eine gegen alle Stürme geschützte Festung, widerspenstig gegenüber Zärtlichkeiten, geizig mit Einverständnis. Ein Ort der Begegnung und des Austauschs, der – wenn der Tag kommt – seine Schmiegsamkeit und Geschmeidigkeit beweisen muß. In meinem Kopf bewahre ich die Worte meiner Mutter: »Dein Vater ist der Mann, der notwendig ist.« Jener Schrecken meiner Kindheit holt mich wieder ein: Zwei Gruppen von Frauen drücken meine Schenkel auseinander, in den Augen der Beschneiderin sehe ich die Klinge blitzen. Alles dreht sich um mich. Sie sehen zu, wie ich ausblute. Klinge, Schweiß, Dornen und Kaktusmilch. Langsam kehre ich ins Leben zurück. Ich lerne wieder laufen, zaghaft und mit unsicheren Schritten. Mein Fleisch ist glatt und gegerbt, ich habe Angst, daß mir zwischen den Beinen alles wieder aufreißt. Ich kratze mich angeekelt, schüttle den Kopf. Warum hat noch kein Troubadour unseren Schmerz besungen? Das geringste Privileg wird mit tausend Katzbuckeleien und ebenso vielen Erniedrigungen bezahlt. Heute werde ich meiner kleinen Schwester Marwo eine umfassende und anschauliche Unterrichtsstunde über meinen Körper geben. Das kleine Mädchen hat Angst vor dem Schatten der Beschneiderin. Sie muß die Kraft finden zu schreien: »Schüttelt mich nicht, ich bin voller Läuse!« Meine Schwester, dieses Kind, diese zwergenkleine Frau mit ihren noch nackten Brüsten, wird meine Pein und mein Entsetzen kennenlernen. Diese kleine Blume mit goldenen Blütenblättern wird alles selbst durchmachen und sich auf dem demütigenden Gestell abstützen. Ich habe ihr alles gesagt, mit allen Einzelheiten, denn ich habe kein bißchen Phantasie; aber es ist ja bekannt, daß die Phantasie – die Einbildungskraft und alle anderen Märchen, die für ruhigen Schlaf sorgen – allein den Notenzauberern und Wortjongleuren gehört. Sie jagen mich mit einem Hagel von Steinen davon. Es tut gut zu fliehen. Ich habe ein erbärmliches Loch unweit vom Schlachthof gefunden. Man hört, wie die Tiere an die Absperrgatter stoßen. Man hört die Keulenschläge.

Aus: Abdourahman A. Waberi: *Die Legende von der Nomadensonne.* Erzählungen. Aus dem Französischen von Brigitte Kautz.

Chenjerai Hove
Zimbabwe

Foto: Marino Verlag

Chenjerai Hove gehört zu den jüngeren Autoren Afrikas, die neue Pfade gehen. Er vermischt traditionelle Idiome, Sprichwörter, Redeweisen und Sichtweisen mit komplexen poetischen Formen zu einem Stimmengeflecht, das sich kaum kategorisieren läßt. Er bricht jene Ordnungsprinzipien des Romans auf, die der afrikanischen Geisteswelt nicht entsprechen, wie die Linearität der Ereignisse und die starre Trennung zwischen Leben und Toten, zwischen Gegenwart und Vergangenheit. Eine der Hauptfiguren seines Romans »Schattenlicht« sagt: »Im Grunde seines Herzens wußte er, daß die Worte der Maispflanzen und die Lieder der Baumwollsträucher nicht mehr zu hören waren. Er war ihrer Musik gegenüber taub geworden. Sie waren seiner schattenhaften Gegenwart gegenüber blind. Er wußte nicht mehr, wie er mit ihnen reden sollte, wie er sie um etwas bitten sollte. Sein Mund war verstummt. Sogar sein Herz weigerte sich, im Herzschlag des Getreides zu schlagen.«

»Ahnenträume«, der dritte Teil der mit »Knochen« begonnenen Trilogie, setzt im vorkolonialen Afrika ein und führt fragmentarisch-assoziativ in die Gegenwart Zimbabwes. Hove erzählt die Geschichte einer taubstummen Frau, die sich stellvertretend für die Frauen Afrikas in die Träume eines jungen Mannes mischt. Aus dem Stimmengeflecht wechselnder Erzählfiguren, mit Zeitsprüngen, Briefen und rhythmisch wiederkehrenden Motiven, mit eingestreuten Liedern, Gedichten, Märchen, Legenden und Sprichwörtern formt Hove einen Text, der lyrisch-poetisch von Geschichte und Kultur, von sozialen und politischen Entwicklungen im südlichen Afrika erzählt.

Chenjerai Hove (* 1954 im ländlichen Zimbabwe) war Lehrer und Lektor und lebt heute als Essayist und Romancier in Harare. Für seinen ersten Roman »Knochen« erhielt er 1989 den renommierten Noma Award.

Ahnenträume (Ancestors, 1996). Roman. Aus dem Englischen von Thomas Brückner. Marino: München 1999.
Rainbows in the Dust. Lyrik. Baobab: Harare 1998.
Schattenlicht (Shadows, 1991). Roman. Aus dem Englischen von Thomas Brückner. Marino: München 1996.
Hüter der Sonne. Begegnungen mit Zimbabwes Ältesten – Wurzeln und Visionen afrikanischer Weisheit. Mit Ilija Trojanow. Frederking & Thaler: München 1996.
stadtgeflüster. Skizzen aus einer afrikanischen Metropole. (Shebeen Tales. Messages from Harare, 1994). Aus dem Englischen von Marion Walter. dipa: Frankfurt am Main 1995.
Knochen (Bones, 1988). Roman. Aus dem Englischen von Ilija Trojanow. Marino: München ^{2}1991.
Red Hills of Home. Lyrik. Mambo Press: Gweru 1985.
Up in Arms. Lyrik. Zimbabwe Publishing House: Harare 1982.

Chenjerai Hove
Die Tänzerin

Als dein Vater fortgeht, tragen seine Schritte den Klang eines bitteren Abschieds. Er erhebt sich von Füßen, die von einer neuen Krankheit geschlagen sind. Einer Krankheit, die der weiße Mann im Jahr der Rinderkrankheit gebracht hat. Du hörst, wie seine Stimme draußen die spielenden Kinder anschreit. Du siehst ihn, wie er schattengleich durch das Gehöft streicht, nach Axt und Hacke verlangt, den Kindern befiehlt, auf den Feldern Unkraut zu jäten oder die Rinder zu zählen, eine Frau anweist, ihm etwas zu essen zu bringen, herumschnauzt, daß ein bestimmtes Kind sich zu den Feldern aufzumachen und nicht untätig herumzulungern hat. Du hörst die verhallende Stimme deines Vaters gegen die Klagelieder deiner Mutter aufbegehren. Es wird dir bewußt, daß der Schmerz, der zwischen beiden steht, so trennend wirkt, daß sie nie wieder zueinanderfinden werden.

An diesem Tag geht deine Mutter nicht aus dem Haus. Sie sitzt den ganzen Tag da, wo sie gesessen hat, als dein Vater mit ihr sprach. Den ganzen Tag wird sie dasitzen, ein ganzes Menschenleben lang, und auf ihr Leben zurückblicken. Sie denkt daran, wie nutzlos sie ist. Wie die Jahre an ihr vorübergezogen sind. Alles wird alt, sagt sie im Innersten ihres Herzens. Alles wird einmal alt. Sogar die Steine werden alt …

Als ich jung war, war ich Tänzerin. Ich habe gesungen und getanzt, meine Stimme stieg auf in die Himmel, eroberte alle Ohren im Dorf, die schläfrigen Ohren, die erwachenden. Ich habe den Jerusarema getanzt, als er wie ein Wirbelsturm das Land überzog. Ein wildes Feuer, das sich nicht eindämmen ließ. Der Tanz kam und fiel in das ganze Land ein wie ein unbezähmbares Feuer ins Veld. Es verbrannte vielen die Herzen und zerstörte Ehen. Du kannst dir nicht vorstellen, was der Tanz für so manche von uns bedeutete. Es war ein Tanz, der junge Frauen dazu verführte, ihre Ehemänner zu verlassen, die sie gerade erst geheiratet hatten. Auch junge Männer überließen Frau und Gehöft den Fremden und Eindringlingen und zogen im Sog des Tanzes von Dorf zu Dorf.

Die Leute wissen nicht, was ein Tanz ist. Ich erinnere mich der Tage, als der Tanz Herzen und Hirne so vieler Menschen eroberte, daß die weißen Herrscher ihm Einhalt gebieten mußten. Was sonst sollten sie tun? Wenn du so einen Tanz nicht zum Stillstand bringst, dann verbrennt er alles zu Asche. Die wahren Jerusarema-Tänzer tanzten Nacht für Nacht. Im Sog des Tanzes zogen sie von Dorf zu Dorf, ließen Felder und Familien im Stich.

Meiner Freundin ist es so ergangen. Wir haben sie nie wiedergesehen. Die Flammen des Tanzes haben sie verzehrt. Eines Nachts brach der Tanz in unserem Dorf los. Die Trommeln grollten und schrien verlangend nach deiner Seele. Die Trommelklänge betörten mir Sinne und Geist. Auch meine Freundin vernahm den Klang der neuen Trommel und folgte ihm bis zu seiner Quelle. Sie sang mit den Sängern und tanzte mit den Tänzern. Sie war beides. Sängerin und Tänzerin. Im Laufe der Zeit verhinderte der Tanz, daß sie essen mochte, daß sie badete, daß sie lieben wollte. Verhinderte alles, was sie mit ihrem Leben hatte anfangen wollen.

Als der Tanz ins nächste Dorf zog, schloß sie sich dem Zug an, wurde von ihm fortgerissen wie von einem reißenden Strom. Singend ertrank sie im Tanz und spürte, wie er ihren ganzen Körper kitzelte bis in die Seele hinein. Tag für Tag, Nacht für Nacht zog sie mit den Tänzern weiter, bis ihr aufging, daß sie bereits viele Tage von Ehemann und Zuhause fort war. Des feurigen Tanzes wegen hatte sie alles im Stich gelassen. Vielleicht hat sie sich dann zu sehr geschämt, um wieder zurückzukehren. Wie sollte sie ihrem wütenden Ehemann und ihrem zornigen Vater gegenübertreten?

Nein, meine Freundin beschloß, dem Tanz zu folgen bis zu ihrem Tode. Niemand weiß, wie sie ums Leben kam. Geschichten über die Anmut ihres Tanzes wehten durch die Lüfte, bis sie uns zu Ohren kamen. Es gelang dem Wind nicht, die Geschichten, die wunderschön waren, abzutöten. Zu guter Letzt war sie zum Tanz selbst geworden, das Herz des Tanzes, die Herdstelle des Tanzes.

Auch ich habe den Jerusarema getanzt, diesen wilden Tanz der Trommeln und großen Kalebassenrasseln. Wenn ich auf dem Tanzplatz war, spürte ich ein Feuer durch meine Adern rasen, als wollte es sie aufbrechen und den Tanzplatz mit meinem Blut tränken. Der Geist des Tanzes hatte mich verschlungen. Du weißt nicht, daß ein Tanz seine Tänzerin verschlingen kann? Er frißt sich in dich hinein wie eine Geschichte, die sich nicht in Worte fassen läßt, niemals. Wenn du aus dem Grunde deines Herzens heraus etwas Großes und Wichtiges zu sagen hast, dann sind Worte oft nicht größer als Ameisen. Worte. Was sind schon Worte? Sie sind wie kleine Stückchen Abfall, wie Federn, die der Wind fortbläst. Der Tanz oder die Musik heilen, wenn sie vom Herzen Besitz ergreifen, Krüppel, die eigentlich nicht mehr laufen können. Doch wenn die Musik sie ergreift, dann vergessen sie, daß sie Krüppel sind, springen auf, als wären sie gesund, und tanzen. Und erst sehr viel später fällt ihnen wieder ein, daß sie Krüppel sind.

So war der Jerusarema für mich. Und für meine Freundin, die später verschwand. Die, deren Grab ich niemals sehen werde. Manchmal wünsche ich mir, ich wäre mit ihr gegangen. Und nur der Gedanke an meine Kinder läßt mich ruhiger werden und sagt mir: Die Ahnen hatten anderes mit dir vor. Wenn ich mir dessen nicht sicher wäre, wäre mein Leben unglücklich geworden. Ich würde glauben, daß meine Freundin auch im Tode noch tanzt und die Augen der Ahnen bezaubert. Ahnen. Vorfahren. Sie werden sich vielleicht fragen, warum sie sterben mußten, lange bevor die Flamme dieses Tanzes ihre Gehöfte besuchte.

Steuern? Du redest von Steuern? In unserer Zeit, damals, als wir noch junge Mädchen waren, denen die Brüste aufgingen wie junge Knospen, damals, bevor Hikiras Zeit anbrach, damals hatte der Dorfvorsteher nichts mit Steuern zu tun. Die Polizei kam mit Jeeps und auf Pferden und verhaftete alle Männer, die keine Steuern bezahlt hatten, und brachte sie ins Chibharo-Lager. Dort wurden sie zur Arbeit gezwungen, bis sie genug Geld verdient hatten, einen Schilling, zwei Schillinge für den wütenden District Commissioner. In den Bergwerken, auf den weiten Feldern der gierigen Bauern, beim Straßenbau, wo sie unter Aufsicht italienischer Vorarbeiter Brücken errichten mußten, überall.

Als aber der Jerusarema kam, gaben sogar die Männer, die sich vorgenommen hatten, es zu vermeiden, den Weißen zu verärgern, alle Pläne auf, nach Jo'burg zu gehen, um dort zu arbeiten und die Steuern für den Weißen zu verdienen. Sie weigerten sich, die Steuern zu zahlen, und leisteten Widerstand, wenn der Weiße kam, um sie einzufangen und in den Bergwerken und auf den Straßen arbeiten zu lassen. Manche versteckten sich tagsüber in den Bergen und Hügeln und stiegen nachts herab, um mit den Frauen und Männern des Dorfes den Jerusarema zu tanzen.

Also setzte sich der Weiße eines Tages hin, dachte nach und sprach: Der Tanz stellt ein Problem dar. Das müssen wir lösen. Der Tanz macht die Männer so stolz, daß sie sich weigern, in unseren Bergwerken und beim Straßenbau zu arbeiten. Dem müssen wir ein für allemal einen Riegel vorschieben. Der Tanz soll nie wieder getanzt werden. Nie wieder sollen die Lieder erklingen, die dem Tanz vorangehen. Den Tod jedem, der diese Lieder singt. Den Tod jedem, der diesen Tanz tanzt.

So wurde der Jerusarema getötet. Heute hört man nur noch in weit entlegenen Gegenden von ihm. In Murewa, vielleicht in Mutolo, wer weiß. Ich weiß nicht, wo das liegt, doch die Ohren meiner Seele vernehmen jeden Tag wieder die Trommeln. Die Trommeln meiner Jugend.

Etwas Trauriges begab sich in der Zeit des Jerusarema.

Eine Tänzerin war ich, anmutig und sorglos auf dem Tanzplatz. Mein alternder Vater sah eines Tages zu, wie ich tanzte. Er stöhnte auf: Was habe ich da bloß in die Welt gesetzt? Was hat der Schoß einer Frau da bloß der Welt geboren? stöhnte er. Eines Tages rief er mich zu sich und machte mir Vorhaltungen wegen des aufreizenden Tanzes. Wen ich mit diesem Tanz so voller sexueller Bezüge und Bewegungen herausfordern wollte? Wen willst du damit reizen? Du hast den Tanz getanzt, und alle Augen des Dorfes haben zugeschaut. Du machst, daß sich ihre Herzen nach dir verzehren. Wessen Tochter ist das? »Morgen bringe ich die Rinder, wenn sie nur heute nacht mir gehört.« Wo hast du diesen Tanz gelernt, Kind? Mein Vater war wütend.

Dann traf sich mein Vater mit fremden Männern und Frauen,

die in einer Sprache redeten, die ich nicht verstand. Bald darauf kamen Tanten und Verwandte, die mich abholten, als wäre ich eine verkaufte Ziege. Sie wuschen mich, hüllten mich in die neuesten Felle, die sie finden konnten, und führten mich fort.

Wir zogen vom Haus meiner Mutter fort. Stumm, als führten sie mich zur Opferbank. Mein Herz sagte mir, daß mein Vater sie gebeten hatte, mich zu töten. Er war Krieger unter Mzilikazi und Lobengula gewesen. Einen Menschen zu töten hatte ihm nicht viel ausgemacht. Und ich bin mir sicher, bei einem kleinen Mädchen wie mir wäre ihn das nicht schwerer angekommen, als Speichel hinunterzuschlucken. Kein Schmerz. Keine Tränen.

Nachdem wir eine Weile gewandert waren, machten wir bei einem Gehöft halt, das ich sehr gut kannte. Es gehörte einem Mann, mit dem mein Vater so eng befreundet war, daß die Leute manchmal glaubten, sie wären Brüder.

Der Herr dieses Gehöfts trat vor das Haus und flüsterte den Männern und Frauen, die mich hierhergebracht hatten, etwas zu. Ein paar Frauen kamen heraus und begannen trillernd zu jubeln. Sie tanzten auf bloßen Sohlen und schwenkten die Hüften wie Krokodile, die über den Sand gleiten. Sie meinten, wie hübsch ich anzusehen wäre, was für eine Frau aus mir werden würde, wie alles so glatt wäre an mir wie die Wasser, die durch das Tal flossen.

Nur die Frau des Mannes, der mein Ehemann werden sollte, machte einen gedemütigten Eindruck. Ich spürte, wie mich ihre Augen gegen einen Felsen drängten und mir bedeuteten, dahin zurückgehen, wo ich hergekommen sei. Ich hatte Angst.

Am gleichen Tag wurde der Schnitzer der Hocker und Trommeln mein Ehemann. Ich konnte nicht davonlaufen. Wohin auch? Mein Vater war dafür bekannt, daß er sich wie ein Ndebele verhielt. Wenn ich davonlief, würde meine Mutter, die starb, als ich noch ein winziges Ding war, im Grabe verflucht werden. Also beschloß ich zu bleiben. Die Männer des Dorfes und auch die Frauen hatten mir erzählt, daß der Schnitzer der Hocker, Trommeln und beinernen Schnupftabakdosen ein wundervoller Mann sei. Alle erzählten davon, wie er Regen machte und daß er eine so große Macht besaß, daß sogar der Dorfvorsteher ihn fürchtete. Er ist ein friedlicher Mensch voller Liebe, sagten sie alle. Er hat nur das Pech gehabt, eine Frau zu bekommen, die ihn anschnauzte und die Macht nicht anerkannte, die er von seinen Ahnen erhalten hatte.

Ich beschloß zu bleiben, bis mein Schoß bereit wäre, seinen Samen zu empfangen. Eines nach dem anderen kamen die Kinder. Ein Mädchen, ein Junge und noch ein Junge. Als ich mit dem dritten Kind schwanger ging, wurde der Schnitzer der Hölzer krank und starb. Er hatte die ganze Nacht gesungen und getanzt, mit seiner Trommel hoch oben in seinem Lieblingsbaum thronend. Das ganze Dorf wurde vom Baßgedröhn seiner Stimme und dem Donner seiner Trommel erschüttert. Dann, früh am nächsten Morgen starb er, bevor noch die gleißende Sonne herbeieilen und um ihn trauern konnte. An jenem Tag zog eine rote Sonne wie eine lodernde Flamme über den Himmel. Du bist nun allein, verkündete mir die Sonne. Nur Erinnerungen blieben mir noch. Erinnerungen daran, wie er mich gebeten hatte, seine Frau zu werden, wie er mich gebeten hatte, ihm den Tabak zu mischen, wie er mir gesagt hatte, daß ich, wenn ich ihn nicht zum Manne wollte, fortgehen könne oder bei ihm bleiben, bis ich den von mir auserwählten jungen Mann gefunden hätte. Erinnerungen daran, wie er eine große Prise schnupfte und die Götter darum bat, Regen zu bringen.

Ich erinnere mich an einen Tag, da der Geist der Trommel in ihn gefahren war. Er kletterte auf einen riesigen Baum und sang – mitten in der Trockenzeit – ein Lied für die Regen. Und dann ballten sich draußen kleine Wolken zusammen und segelten auf unser Gehöft zu. Mitten in der Trockenzeit ging ein Regen nieder, der uns alle völlig durchnäßte.

Mein Mann war einer, der mit den Göttern reden konnte. Wir wurden einander so vertraut, daß er mir ein zweiter Vater wurde. Als er gestorben war, konnte ich lange nicht aufhören zu weinen. Er war mir Vater und Berater geworden, obwohl ich zu Anfang gar nicht mit ihm verheiratet werden wollte. Er war alt. So alt wie mein Vater. Doch selbst jetzt noch kann ich einzelne seiner vielen Stimmen hören. Ich höre, wie er mich mit Namen ruft. Ich kann nicht anders, ich muß ihm zuhören. Er bittet mich, nicht aufzugeben, wenn ich Schwierigkeiten habe. Er versichert mir, daß er immer bei mir ist, daß er darauf wartet, daß ich zu ihm komme und mich ihm anschließe, daß ich mich vor dieser und jener Gefahr in acht nehmen soll. Er ist immer noch mein Ehemann.

Deine Mutter erinnert sich an die stummen Geschichten der Dinge, die du nicht verstehst. Sie redet und schweigt. Die ganze Zeit. Keiner hört ihr zu, und sie ist verletzt, weil sie glaubt, daß niemand ihren Geschichten lauscht.

Mia Couto
Mosambik

Foto: Bernd Böhner

Mia Couto (* 1955 als Sohn portugiesischer Einwanderer in der Hafenstadt Beira) sagt über seine Kindheit: »Bei uns zu Hause war Portugal und Europa, auf der Straße Afrika«, Beira sei wie eine Schatztruhe, aus der er immer neue Themen hervorhole. Seine Herkunft verleugnet er nicht: »Ich bin ein Mischling, kein verkleideter Schwarzer; ich habe keinen Stamm.« Mia Couto begeisterte sich für den Befreiungskampf, nach der Unabhängigkeit 1975 war er Direktor der staatlichen Nachrichtenagentur, dann Chefredakteur des Wochenmagazins Tempo. Seit seinem Biologiestudium Mitte der achtziger Jahre setzt er sich für Umweltschutz und eine ökologische Landwirtschaft ein. Mia Couto verwischt in seiner Prosa die Grenzen zwischen Wirklichkeit und Fiktion, zwischen dem Wahrscheinlichen und dem Unwahrscheinlichen, dem Glaubwürdigen und dem Unglaublichen und breitet damit den unerschöpflichen Reichtum seines Landes aus. In einer poetischen Sprache voll überraschender Bilder erzählt er mit neuen und doch vertraut klingenden Wortschöpfungen das Leben der Menschen in Mosambik, zeichnet ihre Träume nach, berichtet aus ihrem Alltag und beschreibt die inneren und äußeren Verwüstungen eines vom Bürgerkrieg ausgelaugten Landes, das die Kraft seiner Phantasie und Mythen nicht verloren hat. Mia Couto versteht sich als Geschichtenerzähler in einem in Afrika weitverbreiteten Sinn: Es kommt ihm darauf an, eine im Grunde bereits bekannte Geschichte immer wieder neu und mit überraschenden Wendungen zu erzählen, weil die Zuhörer die Wirklichkeit, von der da erzählt wird, ja zu kennen glauben. Es ist kein Zufall, daß sein neuestes Buch »A varanda do frangipani« in der Form eines Kriminalromans daherkommt, in dem ein ziemlich eigenartiger Kommissar in einem ziemlich eigenartigen Altersheim einem mysteriösen Mordfall nachspürt und dabei lauter Geständnisse hört.

Unter dem Frangipani-Baum (vorläufiger Titel; A varanda do frangipani, 1996). Roman. Aus dem Portugiesischen von Karin von Schweder-Schreiner. Alexander Fest: Berlin 2000.
Contos do nascer da terra. Caminho: Lissabon 1997.
Estórias abensonhadas. Erzählungen. Lissabon: Caminho 1994.
Das schlafwandelnde Land (Terra sonâmbula, 1992). Roman. Aus dem Portugiesischen von Karin von Schweder-Schreiner. dipa: Frankfurt 1993.
Cronicando. Erzählungen. AEMO: Maputo 1988.
Cada homen é uma raça. Erzählungen. Caminho: Lissabon 1988.
Vozes anoitecidas. Erzählungen. AEMO: Maputo 1986.
O *Raiz do orvalho.* Poesie. AEMO: Maputo 1983.

Mia Couto
Martas Geständnis

Der Schuldige, den Sie suchen, mein lieber Izidine, ist kein Mensch. Es ist der Krieg. An allem ist der Krieg schuld. Er hat Vasto umgebracht. Er hat die Welt zerrissen, in der alte Menschen Ansehen genossen und ihren Platz hatten. Vor dem Krieg wurden die Alten, die hier verkommen, geliebt. Es gab eine Welt, die ihnen offenstand, die Familien richteten sich auf die Alten ein. Dann, mit der Gewalt, kam ein anderes Denken. Und die Alten wurden aus der Welt vertrieben, aus uns selbst vertrieben.

Sie werden sich fragen, was mich hier hält, in dieser Einsamkeit. Ich glaubte immer, ich wüßte eine Antwort. Jetzt bin ich mir nicht sicher. Die Gewalt ist der Hauptgrund, warum ich hier Zuflucht gesucht habe. Der Krieg erzeugt ein anderes Zeitmaß. Unser Leben wird nicht mehr durch die Jahre, die Jahreszeiten gegliedert. Auch nicht mehr durch die Ernten, die Hungersnöte, die Überschwemmungen. Der Krieg führt das Zeitmaß des Blutes ein. Wir sagen fortan: »Vor dem Krieg, nach dem Krieg.« Der Krieg verschlingt die Toten und verzehrt die Überlebenden. Ich wollte kein Überbleibsel dieser Gewalt sein. Zumindest hier in der Festung gaben die Alten meinem Leben eine andere Ordnung. Sie gaben mir das Zeitmaß der Träume. Ihre kleinen Wahnvorstellungen waren die neuen Mauern meiner Festung.

Es gab eine Zeit, da lockte mich die Stadt noch. Und ich habe noch versucht, mich dort einzurichten. Aber dann befiel mich eine Krankheit, die keinen Namen hat. Es war, als verlernte ich die natürlichsten Fähigkeiten: hören, sehen, atmen. Es gab eine Zeit, da glaubte ich, diese Welt verändern zu können. Inzwischen habe ich es aufgegeben. Die Welt ist wie ein Körper, der sich durch die eigene Krankheit am Leben erhält. Sie lebt vom Verbrechen, ernährt sich von der Unmoral. Sie zum Beispiel, bei der Polizei, fragen Sie sich nicht, wie lange es dauern wird, bis Sie von der Krankheit Bestechung angesteckt werden? Sie wissen genau, was ich meine: bezahlte Ermittlungen, gekaufte Polizisten. Man hat Ihnen die Ermittlungen gegen den Drogenhandel entzogen. Sie aus der Abteilung Rauschgift versetzt. Warum? Sie wissen es genau, Izidine. Und warum hat man Sie hierher geschickt, weitab vom Schuß? Schon gut, ich wechsle das Thema. Schließlich soll ich mich ja über mich auslassen.

Sehen Sie das Gebäude da drüben, die Ruine? Das war einmal eine Krankenstation. Dort habe ich gearbeitet. Die Medikamente bekam ich aus der Stadt. Aber ein paar Wochen nach meiner Ankunft wurde das Heim angegriffen. Banden fielen ein, raubten, töteten. Setzten die Krankenstation in Brand. Zwei alte Frauen starben. Und wem ist zu verdanken, daß nicht alle umgekommen sind? Sie werden staunen, mein Lieber. Vasto Excelêncio. Das wundert Sie? Vasto nahm all seinen Mut zusammen, ging durch die Flammen hinein und rettete die anderen Kranken. Von dem Gebäude blieben nur verkohlte Mauern.

Nach der Tragödie wurde ich selbst zu einer Ruine. Vor allem, als ich erfuhr, daß ich der Hauptgrund für den Überfall war, ich, Marta Gimo. Die Banditen wollten mich in ihr Lager entführen. Es hat lange gedauert, bis ich mich davon erholte. Ganz habe ich mich nie erholt. Der Krieg schlägt Wunden, die keine Zeit heilen kann.

Ich bat Excelêncio, neue Geräte zu bestellen, damit ich die Krankenstation in meinem Zimmer einrichten konnte. Damals schlief ich schon nicht mehr unter diesem Dach. Aber die Militärhubschrauber, die immer hin und her flogen, standen nicht zur Verfügung. Anderes habe Vorrang, antwortete mir Vasto Excelêncio. Und so konnte ich mich nicht neu ausstatten. Hätte ich die Krankenstation wieder errichtet, hätte ich mich selbst aufgerichtet.

Ohne Station und ohne Medikamente hatte ich keinen Lebensinhalt mehr. Sie können sich nicht vorstellen, wie unendlich viel mir die Arbeit in der Station bedeutete. Das war mein kleines Krankenhaus, da konnte ich Gutes tun. Sie müssen verstehen: Ich wurde als Assimilierte erzogen. Ich bin aus Inhambane, in meiner Familie haben sie die afrikanischen Namen schon vor langer Zeit verloren. Meine Großeltern waren Pfleger. Der Beruf brachte mich wieder meiner Familie näher, die ich vor langer Zeit verloren hatte. Nicht, daß die Arbeit in der Krankenstation einfach gewesen wäre. Anfangs wollte ich fast aufgeben. Wenn ich den Raum betrat, bemerkte ich einen fauligen Geruch. Ich fragte, woher dieser Geruch kam. Die Alten wiesen auf ihre Mundhöhle. Er käme von den Kissen, dem nächtlichen Sabbern der Zahnlosen. Zuerst glaubte ich ihnen. Später entdeckte ich, daß es nicht stimmte. Der Geruch stammte von den Essensresten, die sie unter den Kopfkissen versteckten. Sie hüteten die Reste aus Angst, bestohlen zu werden. Die Alten phantasierten so viel, daß sie manchmal Essen erfanden, das gar nicht unter den Kopfkissen lag.

Ich will Ihnen etwas sagen: Die Geschichten, die Sie in Ihrem Heft aufschreiben, wimmeln von Unwahrheiten. Die Alten lügen. Und wenn Sie weiter Interesse an ihnen zeigen, werden sie noch mehr lügen. Schon lange nimmt sie niemand mehr ernst. Zum Beispiel hat Salufo gelogen, als er sagte, seine Verwandten hätten ihn geliebt. Gar nicht wahr. Er hatte sich als vermögend ausgegeben, nur um geliebt zu werden. Nãozinha behauptete, sie sei eine Hexe. So lange, bis sie selbst an ihren Fähigkeiten zweifelte. Auch ich habe meine Lügen hinter mir gelassen, wie eine Haut, die zwar schützt, die man aber von Zeit zu Zeit abstreifen muß.

Vor langer Zeit, bevor ich hierher ins Altersheim kam, wurde ich in ein Umerziehungslager geschickt. Man beschuldigte mich, ich sei ein Flittchen, den Männern und dem Alkohol verfallen. Keiner von den Kollegen im Krankenhaus stand zu meiner Verteidigung auf.

Heute, Inspektor, sage ich Ihnen: Das Leben ist eine Zigarette. Ich mag nur die Asche, nachdem die Zigarette geraucht ist. In dem Lager, wo ich meine Strafe abbüßte, erniedrigte ich mich mit Sex, Alkohol und Spritzen. Von Zukunft wollte ich nichts wissen. Mich interessierte nur das Jetzt. Das Fliegen hängt nicht von den Flügeln ab. Fliegt nicht der kurzflügelige Kolibri am allerbesten?

In dieser Situation fand mich Vasto Excelêncio. Er hatte Einfluß, er holte mich da heraus, unter der Bedingung, daß ich im Heim als Krankenschwester arbeitete. So hat es mich hierher in die Festung verschlagen. Anfangs war ich unglücklich über meine Verbannung. Abgesehen von der Krankenstation gab es nichts, womit ich mich beschäftigen konnte. Schließlich träumte ich nicht einmal mehr. Nur Alpträume suchten mich heim. Ich war an dem Organ verstümmelt, das den Stoff der Träume absondert. Ich war krank ohne Krankheit. Nur Gott erduldet, was ich leiden mußte. Es kam so: Zuerst verging mir das Lachen, dann die Träume, zum Schluß die Sprache. Das ist die Ordnung der Traurigkeit, auf diese Weise sperrt uns die Verzweiflung in einen feuchten Brunnen.

Am Boden angelangt, verliebte ich mich in Vasto. Ist Liebe nicht das Heilmittel, gegen das es kein Heilmittel gibt? Eines Tages kam er und ertappte mich beim Weinen. Er trocknete mir die Tränen. Ich weiß nicht, ob Sie das Sprichwort kennen: Wer die Tränen einer Frau trocknet, den bindet das Taschentuch?

Von da an trafen Vasto und ich uns abends. Anfangs kam er mir falsch vor wie das Blau des Meeres, das es dort ja gar nicht gibt. Aber alles hat sein tiefes Geheimnis. Ich spreche vom Wasser, vom Meer. Was weiß ich schon? Die wahre Farbe des Meeres kennen allein die Vögel, die von einem anderen Blau herabblikken. Mache ich mich unverständlich? Ich lernte Vasto, einen Mann voller Ängste, nämlich zu einem Zeitpunkt kennen, als ich selbst verkümmerte, verbittert und erniedrigt. Vasto fühlte sich verraten. Die besten Jahre seines Lebens hatte er der Revolution geschenkt. Was war von dieser Utopie geblieben? Anfangs wurde von den äußeren Unterschieden, die zwischen uns allen bestanden, abgesehen. Doch mit der Zeit hielten sie ihm seine Hautfarbe vor. Daß er Mulatte ist, war der eigentliche Grund, warum sie ihn hierher ins Exil geschickt haben. In seiner Enttäuschung konnte er selbst nicht zu sich stehen. Er hatte Komplexe wegen seiner Herkunft, seiner Rasse. Damals wußte ich nicht, daß wir genaugenommen alle Mulatten sind. Nur bei manchen sieht man es deutlicher von außen. Aber Vasto Excelêncio hatten sie beigebracht, sich in der eigenen Haut unwohl zu fühlen. Er redete ständig über die Rasse der anderen. Bestrafte mit Vorliebe den armen Domingos. Um zu zeigen, daß er nicht die Weißen bevorzugte. Nur wenn er anderen Böses tat, hatte er das Gefühl zu existieren.

Trotzdem habe ich diesen Mann geliebt. Das gestehe ich, werden Sie nicht eifersüchtig. Ich begehrte ihn, ja, ganz und gar, als Geliebten und als Engel, als Kind und als Mann. Ob er schön war? Was spielt das für eine Rolle, frage ich. Was interessiert Schönheit? Bei einem Mann will ich das Leben spüren. Ja, genau das will ich. Ich will mich klein fühlen, wie ein Stern am Himmel, ein Korn im Sand. Vielmehr: Das wollte ich. Damals sah ich die Männer noch so wie die Vögel die Wolke: als einen Ort, den man bereisen, doch nie bewohnen kann. Aber das alles geschah zu einer anderen Zeit, ich war noch jung. Vasto bedachte mich mit merkwürdigen Zärtlichkeiten. Bevor er mich berührte, sollte ich weinen. Wenn meine Tränen liefen, trank er sie, als wären sie das letzte Wasser auf der Welt. Sie waren der Quell, der ihn belebte. Mehr noch als mein Körper. Heute, wo ich nicht mehr weine, verstehe ich Vasto. Mit den Tränen entblößen wir uns. Das Weinen legt unsere innerste Nacktheit offen.

Aus Mia Couto: *Unter dem Frangipani-Baum* (vorläufiger Titel). Roman. Aus dem Portugiesischen von Karin von Schweder-Schreiner.

Michèle Rakotoson
Madagaskar

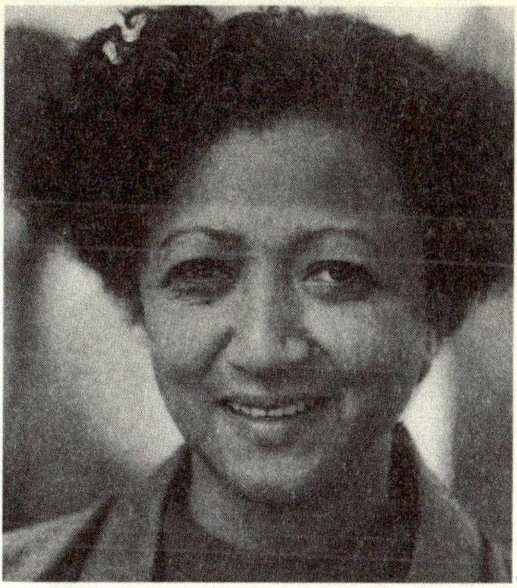

Foto: Heinz Hug

Obwohl Michèle Rakotoson (* 1948) in Madagaskar die französische Schule besuchte, entschied sie sich 1972 zu ihren sprachlichen Wurzeln zurückzukehren, und schrieb ihre ersten Texte in madagassischer Sprache. 1983 emigrierte sie nach Frankreich, wo sie Soziologie studierte. Auf französisch zu schreiben, so die Autorin in einem Interview, böte ihr die Möglichkeit, auch in Frankreich zu publizieren. Die meisten ihrer Werke erzählen auf vielfach gebrochene Weise von Madagaskar, dessen Literatur Michèle Rakotoson durch ihre Verbindung von Elementen des mündlichen Erzählens und sensibel strukturierten Text-Collagen erneuert hat. Sie präsentiert ihren Lesern die Vielschichtigkeiten des Landes, ohne die gesellschaftlichen Probleme zu vernachlässigen. »Elle au printemps« ist ihr erster Roman, der in Frankreich spielt und das aktuelle Thema der Immigration aufgreift.

1984 gewann die Autorin mit »Dadabé« den madagassischen Literaturpreis der ADELF (Association des écrivains de langue française). Sie lebt zur Zeit als Journalistin in Paris.

Dadabé. Ein Kurzroman und zwei Erzählungen aus Madagaskar (Dadabé et autres nouvelles, 1984). Aus dem Französischen von Nys Barbara Eggert und Sigrid Groß. Lamuv: Göttingen 1998.

Henoÿ – Fragments en écorce. Roman. Éditions Luce Wilquin: Avin / Hannut (Belgien) 1998.
Elle, au printemps. Roman. Editions Sépia: Saint-Maur 1996.
La maison morte. Theaterstück. L'Harmattan: Paris 1990.
Un jour, ma mémoire. Theaterstück. L'Harmattan: Paris 1990.
Le bain des reliques. Roman. Editions Khartala: Paris 1988.
Sambany. Theaterstück in Malagasy. Société Malgache de l'édition: Antanarivo 1982 / 1983.

Michèle Rakotoson
Die Reise ans Ende der Welt

Kennen Sie Maroantsetra?

Nehmen Sie die Weltkarte. Versuchen Sie Madagaskar zu finden ... Wenn Sie es haben, suchen Sie die Bucht von Antongil, sie ist nicht zu verfehlen. Sie ist unendlich, ein großes, ein wenig geöffnetes Maul.

Nehmen Sie jetzt eine Nadel. Stechen Sie mit der Spitze irgendwohin ganz am Ende der Bucht. Sie sind in Maroantsetra. Sie sind am Ende der Welt.

Dagegen lohnt es sich gar nicht, Nosy Mangabe zu suchen, es taucht auf der Karte nicht auf. Es ist zu winzig, dieses Inselchen am Ende der Erde.

Sie sind jetzt dort, habe ich gesagt. Anmaßenderweise habe ich vergessen zu sagen: fast. Das wäre ehrlicher, denn Sie müssen erst einmal Madagaskar erreichen, dann Antananarivo verlassen und den »Twin« nehmen, wenn Sie Geld haben, oder einen Jeep, Fähren, Einbäume, Ihre beiden Füße und Sinn fürs Abenteuer, wenn Sie weniger haben, Geld meine ich.

Ich hätte niemals nach Maroantsetra kommen können, hätte ich mich auf meinen Geldbeutel verlassen müssen. Aber als Lehrerin gehört zu meinen wenigen Privilegien eine Flugreise zu den Zentren, in denen die Abiturarbeiten korrigiert werden.

Ich habe die Abiturarbeiten in Maroantsetra korrigiert; ich habe vielleicht meinen Abenteuersinn nicht auf die Probe stellen können, aber was ändert das im Grunde. Ich kenne jetzt Nosy Mangabe. Aber greifen wir nicht voraus. Gehen wir der Reihe nach vor. Fangen wir noch einmal ganz von vorne an.

Ich erspare Ihnen die Aufzählung all der Gänge in all die Büros aufgrund all der Verwaltungsscheine.

Nichts gleicht sich so wie ein Bürokrat dem anderen, ein Büro dem anderen. Und bei uns könnten die Beamten als Musterexemplare ihrer Art gelten. Einförmig grau und verstaubt, nehmen sie nur gelegentlich menschliche Züge an, wenn sie jemanden anschreien, oder wenn sie jünger sind, zieht ein schlüpfriger Glanz durch ihre Augen beim Anblick einer hübschen jungen Frau, ein Anblick, den sie leider nach und nach verdrängen und zu einem Phantasiebild werden lassen.

Aber schließlich hat jeder seine Probleme, und sie können sich außerdem noch daran erfreuen, daß sie von Zeit zu Zeit eine Teepause haben oder sich diese vielmehr bewilligen können. Diesen berühmten Tee aus aphrodisierenden Kräutern, der in diversen Kanistern verkauft und gleich aus der Tasse getrunken wird, jener im Prinzip gespülten Tasse. Warum sollten sie sich beschweren, wenn überdies noch Verkäuferinnen von ziemlich fettigen Krapfen und anderen Nahrungsmitteln vorbeikommen können?

Aber lenken wir nicht die Aufmerksamkeit des Lesers ab. Der Gegenstand der Geschichte ist Maroantsetra, und es sind nicht die madegassischen Bürokraten; deshalb kehren wir dorthin zurück.

Ich war also auf dem Weg nach Maroantsetra, ausreichend ausgestattet mit meinem Flugticket und meinen Scheinen und anderen Sichtvermerken. Ich hatte sogar Fotokopien dabei, andere hatte ich zu Hause deponiert. Wer kennt nicht die Unannehmlichkeiten, die mit dem Verlust von Papieren verbunden sind? Die wenigen ausdrücklichen wie »Man weiß ja nie, gesetzt den Fall ... Sie wissen ja, ein Beamter auf Dienstreise muß immer seine Papiere in Ordnung haben« hatten mir zu denken gegeben, und ich hatte keinerlei Interesse, mich darüber hinwegzusetzen.

Und so befand ich mich also auf dem Weg nach Maroantsetra. Wenn man an die großen internationalen Verbindungen gewöhnt ist oder ganz einfach nur die europäischen Züge kennt, wie könnte man sich dann diese lärmende und heiße Örtlichkeit vorstellen, die bei uns einen Flughafen darstellt. Dort bewegt sich alles, drängelt sich: Papa, Mama, der Cousin, die Tante, die Großmutter überstürzen sich, den Kleinen zu umarmen, der gleich hierhin oder dorthin fliegen wird. Zu dieser Gelegenheit war die feine Kleidung angezogen worden, und die Tränen wurden unterdrückt. Aber glauben Sie nicht, daß diese Menge einförmig ist.

Und wirklich, wie könnte man sie verwechseln, diese hübschen jungen Frauen, die so elegant sind, nach dem letzten Schrei der Mode gekleidet, der Pariser Mode natürlich? Ihre Begleiter, diese jungen Männer, so fein und abgehoben, die gelangweilt und achtlos ihren Aktenkoffer und ihren Samsonite auf Rollen schieben? Wie könnte man also diese jungen Snobs, die Französisch mit dem Akzent des Lycée Jeanson de Sailly sprechen, mit den Mamas verwechseln, die nach Maroantsetra aufbrechen? Diese waren sehr viel lärmender, gackerten, führten unter ihren riesigen Hüten das große Wort, verfolgten mit erschreckter Miene ihre ausgelassene Nachkommenschaft und versammelten ihre diversen Korbtaschen auf ihren ausufernden Brüsten, die die Nähte ihrer unförmigen, von den Missionaren übernommenen Kleider platzen ließen. Der Kopf eines Huhnes, der aus einem Freßkorb herausschaut, würde hier kaum Verwunderung erregen, und die zumindest ungewöhnliche Form der Päckchen kann nicht unbemerkt bleiben, aber wie kann man die Bananenbüschel, die Unmengen von Litschis, Vanille oder Holzscheite denn sonst verpacken?

Die Gründe für ihre Reisen waren bald ein offenes Geheimnis: Diese Damen sprachen laut und deutlich, und nach einer Viertelstunde kannte die ganze Umgebung die Neuigkeiten aus der Familie, vom Jüngsten, von der jungen Mutter, von der Krankheit des Cousins, von der Ernte, die zu überwachen war …

So fuhren sie nach Maroantsetra, Malaimbandy oder Mahabo. Die Kinder schrien leiser als gewöhnlich, aber wie hätten sie es auch anders machen sollen, so erdrückt, wie sie von dem Gewicht ihrer Pakete waren. Obendrein hätte der strenge Blick des Vaters, der von Zeit zu Zeit die Stirn runzelte, genügt, um die Aufgeregtesten zu beruhigen.

Die Menge, die sich in Ivato drängte, war nicht homogen, wie gesagt, und die Art, die Maschine zu besteigen, auch nicht. Es gab keine Gemeinsamkeit zwischen der gelangweilten und unbeteiligten Miene der einen und der Hast der anderen.

Man mußte die ganze Familie in der kleinen »Twin« unterbringen, dort das Gepäck, die Korbtaschen, die Kartons verstauen – und sogar die eindrucksvolle Matrone, die Großmutter.

Sie bewahrte das Geld in einem der Körbchen ihres Büstenhalters oder in der Tasche eines ihrer zahlreichen Röcke auf. Wie hätte man sie vergessen können?

Aber stellen Sie sich keine lärmende Flugzeugreise vor, erwarten Sie keine Gesänge oder lauten Schreie. Nein, eine Reise mit der »Twin« verläuft sehr oft schweigsam. Wie sollte man nicht ängstlich sein in diesen rüttelnden Kabinen in einigen hundert Metern Höhe? Die Wagemutigeren schwiegen, und um Haltung zu bewahren, sahen sie aus den Bullaugen, während die anderen versuchten, sich in ihrer Beklommenheit einzurichten. Wie viele Erzählungen von bewegten Flugzeugreisen müssen da in den Erinnerungen hochgekommen sein. Ich für meinen Teil kann diese Reise nicht vergessen. Ich hatte, soweit ich mich erinnere, den alten Chinesen, der mein Platznachbar war, mit einem ironischen Blick bedacht. Vom ersten Brummen des Motors an hatte er sich verzweifelt an die Vorderreihe geklammert, ganz bleich, ohne einen Blick aus den Bullaugen zu wagen.

»Sieh mal an, das Väterchen hat Angst«, sagte ich mir und spielte die Blasierte. Schlecht ist es mir bekommen. Schnell begriff ich den Grund für die Geste des alten Mannes. Er kannte die Route, und er kannte vor allem den Piloten. Dieser war beim Anbordgehen der Passagiere dabeigewesen, mit gutmütiger Miene, der Bauch hing ihm aus dem Hemd, und er schlurfte leicht mit den Schuhen, der alte Europäer. Er schien mir sympathisch, und ich hatte sogar Lust, ihn zu fragen, ob ich nicht das Cockpit betreten dürfe, um Fotos zu machen – er hätte es sicher zugelassen.

Aber irgend etwas in seinem Blick hielt mich davon ab. Ich hatte keine Lust, umschmeichelt zu werden, und die Art, wie er die weiblichen Passagiere mit Blicken maß, wie ein regelmäßiger Besucher der Tropen und anderer Exotika, mißfiel mir zutiefst.

Ich bleib also bei den anderen Passagieren … und verhielt mich sehr bald wie der Chinese, während ich an die Segnungen des Alkoholtests dachte. Ich würde kaum übertreiben, wenn ich Ihnen sagte, daß der Aufstieg stufenweise und abgehackt vor sich ging, ich würde sicher sehr übertreiben, würde ich sagen, daß wir beinahe einen Looping gemacht hätten; aber der, dem noch nie die Kehle so zugeschnürt war, daß er nicht einmal mehr

»Mama« flüstern konnte, werfe den ersten Stein. Ich hatte Angst, große Angst, wie alle. Alles, was ich noch hinzufügen möchte, um Ihnen eine Idee von dieser Reise zu geben, ist, daß ich zu einem bestimmten Zeitpunkt, bei der Landung, die Erde im rechten Winkel vor mir sah. Wie soll man unter diesen Umständen singen? Alle waren angespannt.

Es war während dieser Stille, daß ich ihren Blick spürte. Ich hatte sie schon am Flughafen bemerkt und ihr keine Bedeutung beigemessen, hatte gedacht, daß sie ins Ausland fliege. Ihre Kleidung war von »Saint-Germain-des-Prés«, und ihre Schuhe waren sicher auch nicht »Made in Madagascar«. Dazu gehörte eigentlich nur noch ein Parfüm von Givenchy. Wie könnte ich Ihnen besser den Anachronismus ihrer Anwesenheit hier erklären?

Sie blieb ruhig, Herrin ihrer selbst, wie eine Frau, die daran gewöhnt ist, ihren Seelenzustand zu verbergen. Und selbst während einiger beachtlicher Luftlöcher, in denen die Nußschale, die sich Flugzeug nannte, bereit schien, abzustürzen, zuckte kein einziger ihrer Gesichtszüge. Sie sah mich oft an, schien ein Gespräch mit mir anfangen zu wollen, aber ich hatte zu große Angst, um ihr Aufmerksamkeit zu schenken.

Sie stieg mit mir aus. Ich bemerkte sie nicht, ich könnte Ihnen nicht einmal erzählen, wie ich das Flugzeug verlassen konnte, so sehr war ich damit beschäftigt, wieder zu Sinnen zu kommen. Ich war in einem Schockzustand – und setzte mich auf den Rasen.

Den Rasen, sagen Sie?

Sind wir denn nicht am Flughafen von Maroantsetra? Aber natürlich! Dort waren wir.

Anstelle des Flughafens gab es eine geteerte Piste, die praktisch am Meeresstrand anfing, mit Gras drum herum, und einem Zaun, der die Zebus davon abhalten sollte, auf ihr zu weiden. Ich nehme an, daß mittlerweile das Flughafengebäude gebaut wurde. In jenem Jahr gab es nur einen Haufen Ziegelsteine in einer Ecke.

Das Gepäck war auf einen Karren geladen worden, und ich erhob mich, um meinen Koffer zu suchen.

Ich war also in Maroantsetra.

Aber wo war Maroantsetra?

Als gute Städterin erwartete ich den ungeduldigen Taxifahrer, der sich anbieten würde, mich mitzunehmen. Niemand kam. Die wenigen Wagen, die gekommen waren, um ich weiß nicht was abzuholen, waren abgefahren.

Ich fand mich alleine wieder. Es gab wohl einige Baracken in der Nähe, aber von der Stadt keine Spur.

Ich war alleine, habe ich gesagt. Nein. Sie war da. Mitten auf der Piste. Im cremefarbenen Chanel-Kostüm. Hohe Absätze. Seidenbluse. Diskret geschminkt. Sie war da, mit wütender Miene.

Ich näherte mich ihr: »Sie warten auf jemanden.«

»Ja, auf den Fahrer.«

»Wen …?«

»Den Fahrer. Mein Mann hat angerufen, daß man ihn mir schickt«, antwortete sie in gereiztem Ton.

Ah ja! Es gibt Damen, die mitten im Busch auf ihren Fahrer warten, die Hermès-Tasche in der Hand. Ich kam mir linkisch vor, meine Jeans war sicher dreckig. Aber wir saßen im selben Boot, und damit mußte man fertig werden.

»Ich glaube, daß wir uns allein behelfen müssen«, sagte ich.

»Wie behelfen?«

»Tja, dort ist die Straße, die müssen wir nehmen, dann werden wir sehen; wir werden nach der Richtung fragen.«

»Und das Gepäck?«

»Das müssen wir mitnehmen.«

»Aber mein Mann …«

»Hören Sie, meine Dame, er ist achthundert Kilometer entfernt, das hilft uns nichts. Wir haben die Wahl: Entweder warten wir hier auf unbestimmte Zeit, oder wir laufen dorthin. Wir werden uns Ihr Gepäck teilen.«

Was hatte ich da gesagt? Was hatte sie bloß für ein Reisegepäck!

»Ich ziehe mich gerne um, wenn es heiß ist«, erzählte sie mir.

Also rechnen Sie mal: Für zwei Wochen, wenn sie sich dreimal am Tag umziehen muß, wieviel Kilo Gepäck ergibt das? Die Schuhe, Taschen und anderen Accessoires nicht mitgezählt …!

Glücklicherweise mußten wir nicht weit gehen. Ein alter Citroën Méhari, der einer Firma, die in der Nähe arbeitete, gehören mußte, kam vorbei. Ich machte ihm ein Zeichen, anzuhalten, und sie fragte, während sie von hinten zu mir trat: »Ist die Stadt weit?«

»Welche, Antananarivo?« antwortete ihr der Fahrer.

»Aber nein, Maroantsetra.«

»Nach da.«

»Wie weit nach da?«

»Nach da dreizehn Kilometer von hier aus.«

»Dreizehn Kilometer???« Ich merkte, daß ihr dabei schwindlig wurde.

»Wo kann man ein Taxi bekommen?«

»Gibt es nicht.«

»Und Busse?«

»So was haben wir nicht.«

Mein Gott, was will sie hier bloß machen?

»Wie können wir dorthin kommen?«

»Zu Fuß, oder wenn zufällig ein Auto vorbeikommt, fragen Sie, ob man Sie mitnimmt.«

»Aber kommen welche vorbei?«

»Manchmal, sehr selten.«

»Aber ... und Sie, wohin fahren Sie?«

»Zur Baustelle.«

»Wo ist die?«

»Hinter Ihnen, dort wird das Flughafengebäude gebaut.«

»Bleiben Sie lange dort?«

»Nein! Ich seh mir nur an, wie die Arbeit vorangeht.«

Ich wagte nicht, hinzuzufügen: »Ach, da wird gearbeitet.« Aber zögernd fragte ich ihn: »Können Sie uns bei Ihrer Rückkehr mitnehmen?«

Er lächelte mit der glücklichen Miene eines Kindes, das einen guten Scherz gemacht hatte.

»Aber natürlich, steigen Sie ein, ich mache eine kurze Runde über die Baustelle, und auf geht's.«

Die Runde war wirklich nur eine kurze, schnell erledigt. Er verließ nicht einmal den Wagen. Uns war es egal, wir saßen in einem Auto und waren ziemlich erleichtert. Entlang der Straße waren in einiger Entfernung voneinander die Häuser vorbeigerauscht, umgeben von Reisfeldern.

Diese hier zu sehen hatte mich übrigens verblüfft. Ich weiß nicht, warum, aber Reisfelder bleiben für mich mit dem Hochland verbunden. Doch es gab sie hier, grün, unter Kokospalmen.

Was Maroantsetra angeht, so hätte man die Stadt auf den ersten Blick als eine Westernstadt beschreiben können, in der die Cowboys gerade nicht da waren. Nichts hatte mich darauf vorbereitet. Ich hatte eine kleine Küstenstadt längs des Meeres, Fischer, Einbäume erwartet, und nun hatte ich nichts mehr, woran ich mich halten konnte.

Die Stadt, ans Ende der Bucht von Antongil gekauert, auf der einen Seite vom Meer, auf der anderen von den Bergen umschlossen, machte einen winzigen und stillen Eindruck.

Man kann auf verschiedene Art vom Betreten einer unbekannten Stadt erzählen. Was mich überraschte, war die Ruhe, die diese Stadt ausströmte. Alles geschah dort sehr langsam, es gab fast keine Autos, und die wenigen Personen, die durch die Straßen schlenderten, sahen uns kaum an.

Die sehr breiten und fast ausgestorbenen Straßen verstärkten den Eindruck der inneren Ruhe noch, und aus den in einer Reihe ausgerichteten Holzhäusern drangen sonntägliche Geräusche: Dominosteine klapperten auf den Tischen, männliche Stimmen unterhielten sich, Kinder lachten beim Spiel.

Hier war die Aufregung großer Städte unbekannt. Die Leute blieben zu Hause, und die Stadt bot nicht dieses Gewimmel, das den Städten bei uns eigen ist; später aber bemerkte ich, daß das nur eine Atempause war: Es war Sonntag, der Tag des Herrn, der Tag der Ruhe; das erklärte diesen Frieden, der mir ein wenig sonderbar schien.

Habe ich mir deshalb die Ankunft aufgeregter Reiter vorgestellt, die, wie in den Italo-Western, die Einwohner aufwecken würden? Aber jene Reiter gab es nur in meiner Phantasie, es gab nur diese Stadt, die uns unbekannt war.

Der Méhari hielt mit großem Getöse vor dem Gasthof. Es war ein großes Holzgebäude, umgeben von einer schattigen Veranda, deren Schatten noch durch die riesige Kokospalme verstärkt wurde, die in der Nähe wuchs.

Ein sehr exotischer Anblick, werden Sie sagen. In der Tat versetzte mich diese Exotik zweihundert oder dreihundert Jahre zurück. Surcouf irrte in der Gegend umher, und wenn ich beim Betreten der Stadt noch an Cowboys gedacht hatte, so sah ich jetzt Freibeuter. Auf ihren Fahrten mußten sie wohl Häuser wie diese gebaut haben, um die anmutigen Mädchen und andere Gefangene unterzubringen, die dazu bestimmt waren, La Réunion zu bevölkern. Auch sie mußten in den Straßen spazierengegangen sein, aber ihre Krinolinen hingen wahrscheinlich in Fetzen. Was meine Vorfahren angeht, waren und lieferten sie das Ebenholz. Aber warum sollen wir uns in eine andere Zeit versetzen?

Die Freibeuter waren da, sie waren in der großen Gaststube. Zwei oder drei Männer in verschlissenen weißen Hemden hingen auf ihren Barhockern und grölten – einer lauter als der andere – vor ihrem Rum oder auch Pastis. Sie redeten von der Ernte, sie redeten vom Meer, sie redeten von Abenteuern.

Der Wirt bediente sie freigiebig und versuchte, sie zu beruhigen, wenn ihr Gebrüll zu sehr störte. Das waren, denke ich, Bauern, die gekommen waren, ihre Vanilleernte zu verkaufen. Maroantsetra ist wirklich die einzige Stadt auf Madagaskar, in der ich Bauern an die Bar gelehnt sah, Pastis trinkend, auf ex.

Sie verstummten bei unserem Eintreten, und in diesem Moment bemerkte ich, daß meine Jeans und meine kurzen Haare ebenso wunderlich, wenn nicht noch wunderlicher waren als das kurze Kostüm und die hohen Absätze der anderen.

Aber was sollte ich machen? Ich konnte meine Jeans in die dunkelste Ecke meines Zimmers verbannen, was ich auch unverzüglich tun würde: Ich könnte einen züchtigen Rock anziehen, mich wie eine Frau verhalten, aber wie sollte ich meine Haare verlängern? Ich fand mich mit meiner Wunderlichkeit ab, tat, als ob ich die vor Erstaunen offenen Münder nicht gesehen hätte, entschied, daß die Neugier, so sie vorhanden war, der Tatsache entsprang, daß man hier nicht oft Fremde sah, in dieser Stadt, die sieben Monate des Jahres vom Rest Madagaskars abgeschnitten war, und daß hier die Abiturkorrektur eine wichtige Sache war (darin zumindest täuschte ich mich nicht).

Die Hotelzimmer verstärkten noch den Eindruck der Fremdartigkeit, sie waren gewissenhaft sauber, mit ihren gesteppten

Tagesdecken auf dem Bett, ihrer Petroleumlampe, ihrer kleinen Kommode, ihren Trennwänden aus Holz. Was war wovon beeinflußt? Ich hatte diese Ausstattung schon so oft in den Western im Kino gesehen, mit denen man uns überhäufte, wie hätte ich mich nicht woanders als in meinem Land fühlen sollen?

Afrikanissimo

Ein heiter-sinnliches Lesebuch. Herausgegeben von Ilija Trojanow und Peter Ripken. 216 Seiten. SP 1654

Was macht ein fabulierender Friseur in Afrika? Führt der Tanz mit Schenkelglocken tatsächlich direkt zur Heirat? Überraschend und sinnlich, witzig und geheimnisvoll, unergründlich und voller Magie – so präsentiert sich diese ungewöhnliche Anthologie, die zeitgenössische Autoren aus Schwarzafrika vorstellt, darunter auch den Literaturnobelpreisträger Wole Soyinka, Archaisches, Fremdartiges und Erotisches mischen sich mit Vertrautem – der literarisch nahezu unbekannte Kontinent bleibt nicht länger Terra incognita.

»Ein Leckerbissen, der Lust auf mehr macht.«
Wochenspiegel

»Eine Weltliteratur ohne afrikanische Literatur ist wie ein Orchester, dem einige Instrumente fehlen.«
Doris Lessing

Töchter Afrikas

Schwarze Frauen erzählen. Herausgegeben von Koyo Kouoh und Holger Ehling. 300 Seiten. SP 2197

Seit Alice Walker ihren Erfolgsroman »Die Farbe Lila« veröffentlichte, seit der harte Realismus Terry McMillans die literarische Szene erobert hat, spätestens aber seit Toni Morrison 1993 als erste schwarze Schriftstellerin den Literaturnobelpreis erhielt, boomt die afroamerikanische Literatur von Frauen. Dieser Band versteht sich als poetische Fundgrube: Neben der Erzählprosa berühmter Autorinnen aus Schwarzafrika, Amerika und der Karibik erscheinen hier elf Texte erstmals in deutscher Sprache. Darüber hinaus erschließt diese Anthologie die Gemeinsamkeiten, welche schwarze Autorinnen verbinden.

»Man spürt im Verlauf der Lektüre, wie der thematische Brennpunkt von Erzählung zu Erzählung fast kontinuierlich wandert. Die sich überlagernden Erzählstimmen scheinen die schwarzen Frauen in Afrika und der Diaspora für Augenblicke wieder zusammenzuführen.«
Neue Zürcher Zeitung